東京のヤミ市

松平　誠

講談社学術文庫

はじめに

五〇年という月日は、一体長いのだろうか、それとも短いのだろうか。私が子供のころ、戦争の話というと、よく日露戦争のことが引き合いに出された。年寄りのなかには、事細かに、楽しそうに、そのころのことを聞かせる人がたくさんいた。

ここで当時というのは、日本が本格的に中国への侵略をはじめた一九三〇年代後半のことだから、この年寄りたちは、たぶん、一八七〇―八〇年代に生まれた人たちだったに相違ない。そして日露戦争とは、一九〇四年から〇五年にかけて、日本が中国東北部でロシア陸軍と戦い、日本海でロシア海軍と戦ったいくさだから、この人びとの二〇歳、三〇歳代の経験だったにちがいない。

そして、子供の私はといえば、このおそろしく古くて遠い他人の過去を、どうやって想像したらよいのか、困ってしまったものだ。「乃木将軍と辻占」の浪花節や、広瀬中佐が杉野兵曹を呼ぶ叫び声、絵本のなかの三笠艦Z旗やら旅順二〇三高地のトーチカやらがゴチャゴチャになって、そのゴッタ煮のなかから軍艦マーチの調べが立ち上ってくる、それが私の日露戦争だったのだ。

ところが最近になって、ふと思いついて、愕然としたことがある。私が日露戦争の話を聞いたころは、その戦争がすんでから、なんと三〇年ほどしかたっていなかったのだ。そうしてみると、いまヤミ市を思い出して語ることは、少年だった私にあの年寄りが語ってくれた過去よりも、何十年も昔を語ることになるではないか。私の青春時代の経験は、いまの若者たちにとって、もはやたいそう昔の歴史なのだ。いま語られるヤミ市の風景が、あのときの子供の私と同じに、万華鏡のようなたくさんの風景のゴッタ煮になっているのは、当たり前のことかもしれないのである。

当時を経験した人でさえ、その像はまちまちである。ある人にとって、それは一九四五年秋の浅草である。復員兵士や焼け出されのおばさんが、あやしげな饅頭を屋台で食わせ、自分が担いできた芋を、ゴザの上に並べて売っている。ある人にとっては、それは一九四六年秋の新橋である。二階建てのマーケットが建ち、販売禁止のはずの万年筆や時計、高級化粧品が我が物顔に並んでいる。また、ある人にとっては、一九四七年秋の新宿である。ハモニカ横丁とよばれ、提灯をさげた櫛の歯のような小店から聞こえるのは、軍歌であり、匂ってくるのは、焼き鳥とカストリである。それは、売春の街のすえたような匂いでもある。そして、一九四九年の池袋西口。そこでは、飲食店禁止の煽りを食って廃業した店が、あちこちで人の住いに変わっている。

一体、戦後東京のヤミ市なるものの正体は、なんなのだろうか。これまでもいろいろな紹介があるが、このように、一口にヤミ市といっても、時期と場所によってさまざまな姿がある。長い年月を経た今日、その実態にはわからないところがたくさんある。たとえば、一九四六年の秋には、山手線の主な駅前はどうなっていたのか、と時期を区切って全体の像を摑もうとすると、いつまでたっても焦点が結ばれてこない（第一章）。ヤミ市マーケットの話はたくさんあるが、それがどんな土地の上に、どんな資材を使って建てられたのか、その造《ぞう》作《さく》はどうなっていたのか、店の周りの電気・ガス・上下水道はどうなっていたのか、店の内部はどうなっていたのか、どれもよくわからない（第二章）。どんな店がどんな商品を取り扱っていたかも、知りたいところだ（第五章）。

　そこで生活していた人びともはっきりしない。誰がどんなことをしていたのかは、いまのうちに書き記しておかないと、生存者はどんどん減っていってしまう（第三章）。マーケットの食い物、呑み物はどんなだったのだろう。そのレシピもきちんと記しておきたいことだ（第四章）。そして、夜の街。なんとなく怖く、なんとなくわびしい呑み屋の街の実態はどうだったのだろう（第六章）。そして、東京のヤミ市をつくりだし、それを経営したのは、戦前からのテキ屋たちだった。東京のカポネとまで罵倒されたヤミ市のプロデューサーたちは、どうやってこれを戦後の盛り場に仕立てあげたのだろうか（第七章）。

　こうして、日本の生活文化史における主役の一つとして、すでに歴史のなかに埋まってしまったこのヤミ市の亡霊に、もう一度ご登場願おうというのが、この本の狙いなのである。

闇（ヤミ）とは、公定（マルコウ）の対語である。統制経済の時代には、政府の手で主な消費物資にいちいち価格がつけられ、違反すると処罰された。だから、マルコウ以外の商品は明るい太陽の下に出ることはできず、その売買はヤミになった。ヤミの商品を売り買いする市場がすなわちヤミ市である。ここには、食料品、衣類、雑貨、その他、販売が禁止されているものなら、なんでも並んでいた。一九四七年夏に飲食店がすべて禁止されてからは、逆に呑み屋と食べ物屋がその中心になった。はじめのうちは、駅の前にできた焼け跡や疎開後の空き地で、青天井の露店市だったが、翌年になると土地の上に平屋の長屋をつくってマーケットと呼び、敗戦後の一時期、露店とともに、東京の盛り場をつくりだした。これがヤミ市である。

あるべきところにあるべきものがない敗戦直後の生活のなかで、テキ屋のつくったヤミ市は、それ自身が法とはどこかで対決せざるを得ない運命を背負っていた。一九四〇年代末、庶民の生活が少し落ち着きを取り戻し、ものが市場に出回るようになると、ヤミ市は消えていかなければならない。そして、それが消えていく先には、一九五〇年六月の朝鮮戦争が待っていた。

では、この万華鏡のように変転極まりないヤミ市の街に降りたって、ところどころにスポットを当てながら、貧しく生き抜いていた敗戦後の盛り場を探訪していくことにしよう。

目次

東京のヤミ市

はじめに……3
第一章　望遠レンズでみるヤミ市……16
バルーンに乗って一九四七年の東京探訪／新宿はヤミ市のターミナル／渋谷――エネルギッシュな三角地帯／新橋――巨大な呑み屋街／銀座・有楽町――ヤミ市のできない都心／上野広小路――アメ横の母体／池袋――ボランタリーチェーンの理想と現実
第二章　覗きこむヤミ市……41
ヤミ市建築の変化――ヨシズ・バラック・マーケット／ヤミ市の地域・建築設計――新宿／ヤミ市建築の豪華版――新橋「新生マーケット」／ヤミ市の店舗建築とディスプレイ①――昼のマーケット／ヤミ市の店舗建築とディスプレイ②――バラック長屋の飲食店街／ヤミ市の店舗建築とデ

イスプレイ③——三階建ての夜の街／インフラストラクチャーの構築
第三章　ヤミ市にひしめく人びと……60
第一世代の出自／初期ヤミ市商人からの脱却／ヤミ市地下活動へ／ヤミのプロ商人／ヤミ市を生き抜く
第四章　ヤミ市料理のレシピ……80
「国際的なメニュー」の登場——配給では食べられない時代／洋食編／韓国・朝鮮料理編／和食編／中華料理編／ドリンク編／デザート編
第五章　太陽の下のヤミ市……107
ブティック／荒物屋／日用雑貨・化粧品屋／パチンコ屋／生鮮食料品店／電気器具店

第六章　新宿ヤミ市・夜のシナリオ……133
夜のマーケット・それぞれの風景／酒場の作法
第七章　焼け跡再興のプロデューサー……150
テキ屋と焼け跡商売／「組」型経営管理法／東京のカポネ／土地をめぐるヤミ市の論理
第八章　ヤミ市の生活文化論……168
ヤミ市文化の闇／ヤミ市の生んだ食文化／ヤミ市パチンコ屋を逆照射する／カラオケと軍歌の相似性／ヤミ市の時代を駆け抜けて
あとがき……189

東京ヤミ市地図……13
主要参考文献……191
ヤミ市年表……204
ヤミ市キーワード集……209

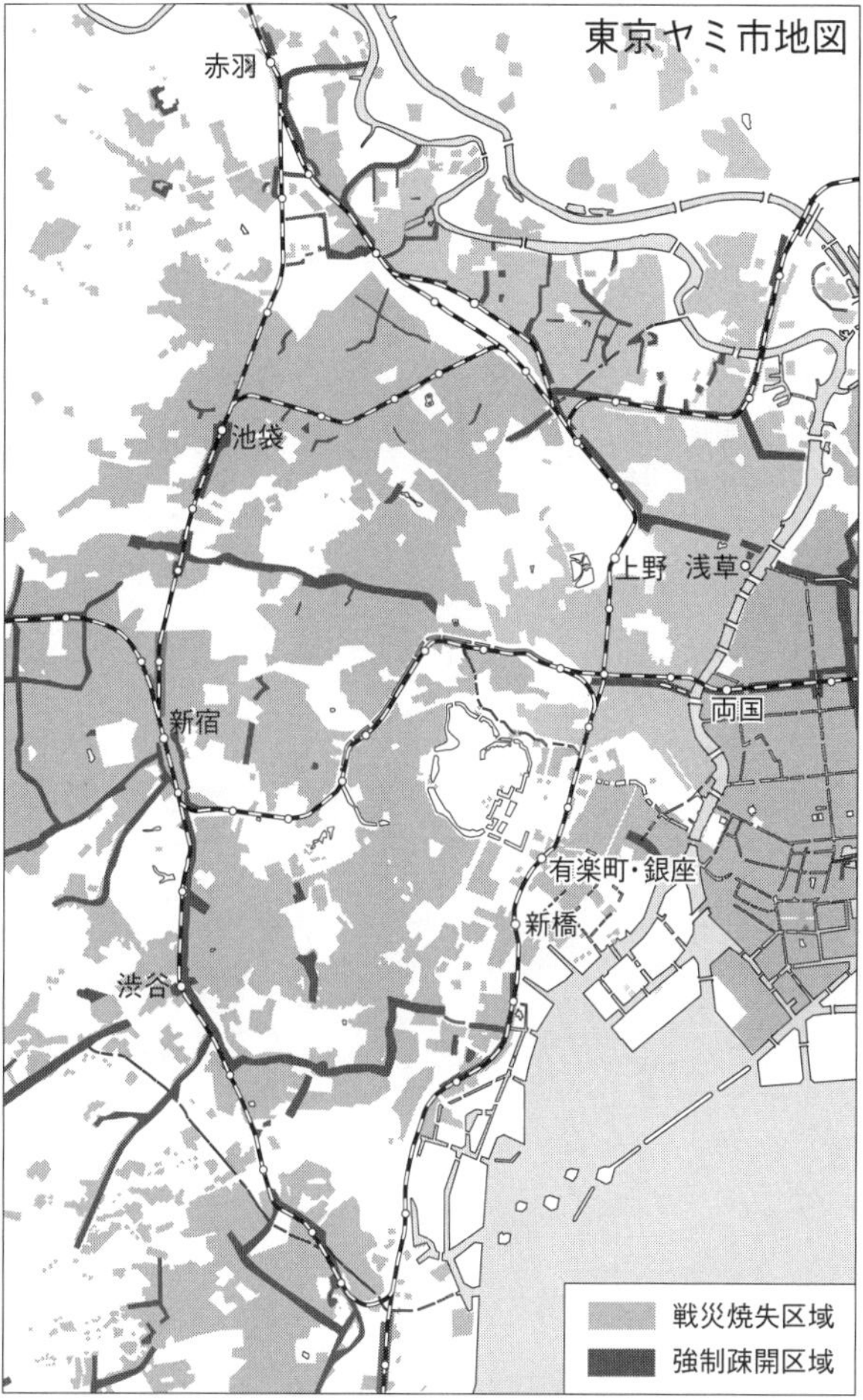

「戦災焼失区域表示　帝都近傍図」（1946）を基に作成

東京のヤミ市

第一章　望遠レンズでみるヤミ市

バルーンに乗って一九四七年の東京探訪

一九四七年九月に、アメリカ軍が空中撮影した東京区部の写真が残っている。いまでは手数料さえ払えば誰でもみることができるが、当時の東京を一望の下にみることのできる貴重なフィルムである。とはいっても、このころの航空写真の精度はおそろしくわるい。引き伸ばしてみると、大きな建物の位置はだいたい判別できるが、小さな住宅はぼやけて綿のようになってしまう。ましてや、バラック仕立ての呑み屋や露店商などは、日影になったり、霞んだりで、まったく所在がわからないものが多い。

まったく敗戦後の東京を鳥瞰する資料というものは、驚くほど少ない。各区の区役所に尋ねても、一九四五年から五〇年前後の都区内については、きちんとした詳細図がほとんどない。われわれが、東京都江戸東京博物館の依頼で新宿ヤミ市の実態調査（以下、「新宿調査」という）をはじめたとき、まず頭を抱えたのは、そのことであった。これでは、二〇分の一あるいは一〇分の一の模型をつくろうとしても、土台無理である。その点では、詳細な絵図の残っている江戸の盛り場を復元する方がよほどましというものだ。

新宿調査の報告書（以下、「新宿報告書」という）のなかで阿南透が記しているが、そのころ、われわれが手に入れたほとんど唯一ともいえる図面は、株式会社都市整図社がつくった「火災保険特殊地図」だった。これは建物に火災保険をかける際、評価額を算定するために、火災保険会社がつくらせたものだというが、今日の住宅地図に近いもので、一軒一軒の店名が記入されており、建物の平面形態が比較的忠実に再現されているなど、参考になる点がたくさんあった。ただ、残念なことに、縮尺がでたらめで寸法が合わないことや、せっかく五回も地図をつくっていながら、いちばん古いものでも一九四九年製作のものしかなく、それ以前には遡れないことが難といえば難だったが、それでも、一九四〇年代後半の東京の盛り場についてその全貌を知ろうとすれば、さきのピンボケ航空写真とこの火災保険特殊地図を辿って、図上探検をしていくほかに、術がないといってよい。

そこでこの本でも、バルーンに乗って、ゆっくり、そしてヨロヨロおぼつかない足取りで、望遠レンズの東京ヤミ市探訪を試みることにしよう。タイム・トンネルを潜って、一九四〇年代後半の四五年から四八年、とくに一九四六、四七年ごろ、つまりヤミ市がいちばん盛んだったといわれる時期にタイムスリップし、ヤミ市と思しき場所を追いかけてみると、すぐに気づくのは、それらのほとんどが鉄道駅前に広がっていることである。

第二次世界大戦前までの東京で、盛り場といえば、日本橋、浅草、上野広小路、神田、銀座、新宿、神楽坂、道玄坂といったところが挙げられるが、戦争直後は、このうち主要な鉄道駅と繋がっていない神楽坂には、あまりたいした賑わいがみられない。浅草は、戦後すぐの時期こそ露店の飲食店で賑わったが、まもなく上野広小路にお株を奪われてしまい、昔の面影がない。また、日本橋から銀座にかけては露店こそ多いが、一九四六年半ばからヤミ市の主流にのしあがっていくマーケット形式の木造長屋はみあたらない。駅から遠い神田もその点は同じである。

それに反し、郊外へのターミナル駅に繋がる新宿、渋谷、池袋には巨大なヤミ市ができ、都心に近い有楽町には飲食店が立ち並んだ。また、新橋と上野広小路とには、後に述べる特殊な条件があり、ともに独自な展開を遂げている。

新宿はヤミ市のターミナル

鉄道駅がヤミ市の目安だとすると、東京では、山手線に沿ってみていくのがいちばん手っ取り早い。そこで議論は後回しにして、新宿を起点に山手線の上をぐるっと一周してみよう。

新宿、それはヤミ市の発祥地である。後に述べるように、戦前から新宿露店商の頭株だった飯島一家小倉二代目関東尾津組親分尾津喜之助が、敗戦五日後の新宿東口に開いたのが、新宿ヤミ市であった。「組」組織やその取引については、第七章で述べるとして、ここでは先へ進むことにしよう。

露店の並ぶ新宿通り　「伊勢丹」「三越」前、都電車庫入口付近（1946年8月3日）　提供：朝日新聞社

新宿駅を中心にした焼け跡を空からみると、東には、「二幸」と「武蔵野館」、そして「三越」と「伊勢丹」などのコンクリートの建物がポツンポツンとあって、新宿通りがヤケに広い。歌舞伎町では、一九四八年一二月に「地球座」ができ、賑わいがはじまるが、それが盛り場としての体裁を整えるのは、もっと後のことである。そして、東口のヤミ市としては、まず駅前広場角の一角には、尾津組の「竜宮マート」がある。大通りを新宿三丁目まで続く日用雑貨の店や露店、「三越」横手にできた生鮮食料品の店や露店も、すべて尾津組が管理していた。「聚楽《じゅらく》」の周辺は野原組が呑み屋のカスバをつくっており、その南側、「武蔵野館」西側から駅南口にいたる空間を占拠していたのは和田組で、バラックづくりのマーケットが四〇〇軒から並んでいる。

西口は戦前は未開発の駅裏である。焼け野原の線路際から「民衆市場」と名付けるヤミ市が広がっている。ヤミ市の規模としては、二六〇〇からの店があったという説もあるが、明らかではない。そして、これを管理していたのは安田組である。いまも西口線路沿いにわずかに残る飲食店群は、その名残である。

新宿がこのように大きなヤミ市を抱えるようになったのは、後背地として、JR中央線、私鉄小田急、京王（現在名称）沿線に戦前から形成されていた住宅地が、戦後さらに膨脹したことが挙げられる。都心を焼け出された人びとが焼け残った家に間借りし、あるいは親戚宅に転げ込んだ先の一つは、世田谷、杉並、練馬であり、これらの区の人口は、敗戦直後で

上　新宿駅東口（1948年9月24日）提供：朝日新聞社
下　新宿駅東口近くのヨシズ張りの露店　看板には「関東尾津組」の名が見える（1945年10月）提供：朝日新聞社

も戦前ピーク時のせいぜい一割減、一九四七年には、早くも戦前の水準を超えている。また新宿は、幸いに焼け残った丸ノ内のビジネスセンターや霞ヶ関付近の官庁街とこれらの地区とを結合する接続点であった。こうした場所が、戦後の盛り場として、飲食店、呑み屋、売春宿を膨れあがらせていったのは、当然のことだったともいえる。

また、新宿に限らず、東京でもっとも不足していた食料品を供給する後背地と結びつく鉄道駅は、ヤミ市の供給基地としての役割も果たしていた。トラック輸送などまったく期待できなかった当時、駅と駅とを結ぶ鉄道を利用し、人力によって担ぎ入れるのが、ヤミ物資を供給する基本的な方法であった。その場合、統制を受け自由な売買を禁じられている禁制品、とくに主食の米麦、芋や生鮮食料品を産地から運び込むには、鉄道を経由し、下車してすぐ大きい直接取引ができる場所がよい。没収されたり検挙されたりする危険性が少なく、決済が容易で、しかも早いからである。一九四七年ごろまでのヤミ市取引は、こうして主要な駅周辺がもっとも都合のよい場所になり、ヤミ市が膨脹していくのである。このころの禁制品取引は、駅構内や周辺、駅に直結するヤミ市の店での直接売買が普通だった。

一九四八年以降になると、こうしたはなはだ原始的な物資流通のやり方に代わって、ブローカーによる大口の取引が活発になり、大量輸送による組織的な流通が行なわれるようになったといわれる。ただし、それについての実証的データはまだ十分ではない。ものによっては統制を外されるものも増えていき、ついで料飲店の禁制も解かれ、ヤミ市の使命は終りに近づいていく。それまでの間、新宿は巨大な都市の生活を支える大動脈の一つとして、その役割を果たしていたのである。

渋谷――エネルギッシュな三角地帯

ヤミ市の時代、渋谷は池袋西口と並んで、はなはだ物騒な街とみられていた。ヤミ市の広がる三角地帯が、売春と暴力で恐れられていた宇田川町、円山《まるやま》町のど真ん中にあるからである。ここでいう三角地帯とは、駅西口の広場を出るとすぐ、道玄坂をその一辺とし、現宇田川町と接する現在の東急本店通りをもう一つの一辺とし、最後の一辺を円山町との境界とする地域のことである。ここには、まず道玄坂中腹から入る横丁の百軒店《ひやつけんだな》がある。古着を売る店が並ぶ坂を上ると、呑み屋、食べ物屋が連なり、さらに、朝鮮戦争の時期に、半島へ出動した占領軍兵士にあてたラブレターの代筆をする店があって、恋文横丁と呼ばれた界隈三六軒が現在の東急本店通りへと連なっている。「新宿調査」の結果では、この界隈に少なくとも四〇〇軒以上のヤミ市商人が露店を出していたと推測される。

渋谷は、山手線の主要なターミナルのなかでも、その後背地にいちばんたくさんの焼け残り住宅地区を持っている。だから、いやおうなしに、人びとが頻繁に行き交う駅前には、新たな盛り場、すなわちヤミ市が忽然と生まれ出てきた。

ただ、新宿や上野、錦糸町などと違うのは、ここが大きな接続駅でありながら、後背地に、農業地帯や漁場を控える有力な私鉄をもたないことである。今日でこそ、田園都市線という長い路線があるが、当時は東横線のほか、玉川電車が渋谷と玉川（現・二子玉川）を結んでいただけであった。ここは当初から食料品の供給ターミナルとして大きな役割を担うことはなく、盛り場としての賑わいから出発することになったのである。その反面、ここにはかなり早くから、阿漕《あこぎ》な呑み屋や派手な禁制の品じなをおおっぴらに売る店が目立っているが、それは、この地域の「組」組織の性格とも関係することが多かったようである。

新宿、池袋などのヤミ市が、かなり統制のとれた「組」組織のもとで運営されているのに対し、渋谷は「組」の勢力が入り乱れ、まとまりがないままにヤミ市が出現している。安藤組がこの街を席巻するのは、一九五〇年代になってからのことである。そしてこのほか、渋谷には新宿にみられない特殊なヤミ商人の一団がある。新宿では「組」組織の中に組み込まれ、勢力としてはみるべきもののなかった華僑の人びとである。

戦時中に、日本の支配下にあって、軍と官僚による差別的な生活と労働とを強いられ、屈辱と貧窮を経験してきた華僑の人びとは、戦後、占領軍によって、米英仏をはじめとする連合国側には属さないものの、それと同じ取扱いをされるものと位置づけられ、「第三国人」と呼ばれていた。金銭も身分保障もなしに、いきなり無警察に近い東京の街頭に放り出されたかれらは、占領下の日本での法的規制をほとんど受けることがなかったから、物資統制の厳しかった敗戦直後の一時期、禁制の品じなを売買しても警察の咎めを受けることはあまり

手入れを受けた渋谷駅前のヤミ市　警察は10万円相当の繊維製品（布地、シャツ、パンツ、靴下など）を押収し、公定価格で買い上げた(1946年7月17日)　提供：朝日新聞社

なかった。

これに反し、日本人はしばしば警察の手入れを受け、厳しく摘発されているから、両者の間にはさまざまな軋轢《あつれき》が生まれる。とくに、渋谷のように「組」の統制の十分でないところでは、「組」の支配を拒否する「第三国人」と、ヤミ市を支配しようとする「組」の組織との間で、縄張り争いから殺傷事件が繰り返し起こる。渋谷の場合、それは華僑団体と日本人ヤミ市との間の争いとなった。一九四六年七月には、新橋と渋谷で機関銃まで持ち出しての乱闘が起こっている。この時期の渋谷が物騒だというのは、一つには、そうしたいざこざが大きく影響している。いまでこそ若者でごったがえ

す渋谷の街も、このころは呑むと爆弾が破裂したようなショックを受けるというバクダンや、近郊の自家製焼酎であるカストリが酌み交わされ、裏の焼け跡で人が殺され、闇にピストルの鳴り響く荒っぽい街だったのである。

そしてこのころ、宮益坂付近や区役所通り周辺、道玄坂を上る左の裏側は、まだ焼け野原である。ただ、ガードの下には焼き鳥屋が軒を連ね、大和田マーケットと呼ばれて賑わっている。現在でもその一部がかろうじて生き残っているが、もはや当時の活気はない。

新橋——巨大な呑み屋街

同じターミナルでも、渋谷から新橋までの山手線内回りの線上に位置する各駅前は、なぜかそれほど大きなヤミ市は形成されていない。接続する私鉄の吸引力や後背住宅地の広がりに差があったのであろう。物資の集散地としても、背後にあまり大きな生産地を抱えていたわけではないから、魅力が乏しかったのだろう。渋谷のつぎにバルーンの上からみえてくるのは、なんといっても新橋である。

新宿がヤミ市発祥の地だとすれば、新橋は「盛り場としてのヤミ市」をいち早くつくりだした街である。東京露店商同業組合組合員がいちばん多かったのは、一九四六年四月末だが、そのときの組合員数は六万三九〇五、月平均の出店数は九〇九八軒だった。このうち、新橋には一三〇〇の露店があったという説もあるが、正確にはわからない。その理由は、渋谷、上野と並んで、ここのヤミ市が再三解散命令を受け、散っては集まり、散っては集まりを繰り返しているからである。いずれにせよ、新橋が東京を代表する巨大なヤミ市をもっていたことは、さまざまな聞き取りから確かなことである。

新橋のヤミ市をわかりにくくしている理由はそれだけではない。ここは戦前から「組」の縄張りがひどく複雑で、しかも、戦後のどさくさで戦前の関係が崩れ、混沌としているからである。渋谷の場合同様、ここでも、とくに華僑の集団との縄張り争いがあり、新橋西口のヤミ市をようやくまとめた松田組との間で大乱闘を演じ、銃撃戦が新橋、渋谷で行なわれている。

新橋のヤミ市は西口が中心である。敗戦直後こそ、荒縄で地割りをしたり、ヨシズで囲ったりしているが、やがて柱や屋根がついて、体裁が整っていく。

新橋ヤミ市の取引には大きな特徴が二つあるといわれる。その一つは、敗戦直後から翌一九四六年夏までの初期ヤミ物資流通段階で、新橋が一種の卸市場の役割を果たしているというのである。いまとなっては確かめようがないのだが、戦前からの繁華街であった新橋駅前は、敗戦直後から人が集まりやすい位置にあり、全国からさまざまな品物をもった人びとがここで取引をはじめている。しかも、ブローカーたちが、ここで仕入れた生活用品や食料品をもって上野、浅草、渋谷へと繰り込んで捌くのだという。具体的な事例がないので、はなはだ心許ないが、この時期の新橋という土地柄を考えてみると、そうしたこともあり得ないことではない。

もう一つの特徴は、新橋ヤミ市のもつ独特の明るさとシャレた感じである。それはたぶん、ここが占領軍の総司令部をはじめ、さまざまな軍施設の近くにあることによるのだろう。すぐ近くの銀座では、占領軍専用のＰＸ（購買所）として現在の「和光」と「松屋」が接収されている。当然、占領軍兵士たちの生活に近い。かれらは、遊ぶ金欲しさに食料品や日用雑貨、衣料などを民間に横流しするのだが、その先は当然いちばん近い新橋ヤミ市である。こうして、新橋には、飲食店・呑み屋のカストリの匂いとともに、それまでみたことのなかった外国製の食料品や生活用品、衣類などが氾濫し、一種バタ臭いシャレた匂いが漂っている。それは、殺伐たるなかにも、なにかエキゾチシズムの匂いすらする不思議に明るい街なのである。

そんな新橋のなかに、一九四六年八月には、木造二階建て、五〇〇のコマをもつ、当時としては壮麗なマーケットが誕生する。これが第二章で紹介する「新生マーケット」である。たまたまこの時期は、先に述べた新橋、渋谷大乱闘の直後であり、取締当局がこれを契機にして、両地区の露店閉鎖を強行し、さらにヤミ物資の大粛正に乗り出した時であるので、ことに印象的である。渋谷、新橋の焼け跡にあった露店を壊し、ヨシズ、バラックを取り払ってしまった直後なので、その壮麗さはひときわ目立つ。

「新生マーケット」は、露店中心のヤミ市から木造長屋のマーケット式市場への転換をしめ

新橋のヤミ市　1946年4月1日、取締りの先手を打って解散し、5日「公定価格厳守」の〝明るい市場〟として再登場した（毎日新聞社）

すシンボルであり、同時にヤミがすべて闇に潜る時期の到来を告げている。第五章で説くように、この年三月以降、物価統制令によって、食料品をはじめ、ほとんどすべての生活物資は統制され、夏には徹底的な露店商人の弾圧がはじまる。露店商は生活の資を失って、かつぎ屋に転業していく者も多い。それに代わって、木造長屋のマーケットが主要駅前に続々と誕生する。新橋にはこの時期から、われわれがイメージするヤミ市、つまり連鎖式の飲食店、とくに呑み屋を中心とする夜の街がつくりだされ、戦後の新風景を描き出すのである。当時のマーケットの多くは、ヤミ市跡地にできた「ニュー新橋ビル」地下に移って、いまもなおその面影を伝えている。

銀座・有楽町——ヤミ市のできない都心

バルーンの向きを北にとって、都心へと向かってみよう。新橋駅前の賑わいがずっと銀座まで続いてはいるのだが、橋を越えて銀座に入ると、情景が一変する。敗戦以来一貫して、ここにはマーケットらしきものができたことはないのである。一九四〇年代末になって銀座商店街が活気を示しはじめるまで、焼け残ったビルを使ったダンスホールや、一九四七年六月以来全面的に禁止となった料飲店の裏口営業といったものばかりが目立っている。そしてマーケットの代わりに、銀座通りを一丁目から八丁目までと数寄屋橋通りにかけて、露店が細く長く続いている。少し時期がずれるが、東京で露店が全面禁止になる一九五〇年三月直

銀座４丁目の交差点「三越」から新橋方面を望む。銀座通りの両側に露店が続く（1946年７月27日）　提供：朝日新聞社

前の時期と推測される資料（「新宿報告書」。吉沢巌氏寄贈資料による）では、銀座通り一二六一、数寄屋橋通り五六一の露店が出店している。その風景は戦前の夜店の再現に近く、駅前のヤミ市とはまったく趣が異なる。

マーケットがないのは、おそらく、鉄道駅前の利点を生かした巨大な新橋ヤミ市があまりにも近接していたことによるのだろう。また、東京の都心にアクセスのよい駅前ヤミ市は、一般に飲食店が多いのだが、敗戦直後をのぞいて、銀座の露店にはそうしたものは少ない。ここでは、その代わりに、外国製の化粧品や日用雑貨、保存食品、時計や電気製品など占領軍兵士から横流しされてきた当時の高級品が目につく。つまりここの露店は、新橋ヤミ市エキゾチシズムの延長線にある、瓦礫の銀座の点景なのである。

そして、ヤミ市をもっていない銀座をカバーするかのように、呑み屋を中心にしたヤミ市で駅前を埋め尽くしたのが、有楽町、とくに駅の東側である。

……（敗戦直後の）有楽町界隈は、駅を中心にして、ほとんど焼け落ち、黒い眼窩のような窓を並べた日劇、迷彩のまま煤けた朝日新聞社屋、倉庫のような邦楽座、濁った河を隔てて読売新聞社など、どうみても戦争で精魂つきはてたといったたたずまいだった。……焼土の上に焼けトタンを敷き並べ、種々雑多の、商品ともいえぬ品物を並べて口々に喚く俄か商人。さすがに手にいれたいもの、食いたいものは何でもあった。……

喧騒のうちに夜をむかえると、闇市はやや表情をかえ、蠟燭の明りを風にかばいながら、そこここに屋台が出現し、コンクリートのかたまりや木箱に渡した板に腰かけた酔客の喚声、歌ごえが埃っぽい夜空を賑わした。

（加藤一郎『文壇資料　戦後・有楽町界隈』講談社、一九七八年）

終戦後まもなく、有楽町駅の東側に、バラックの呑みやがごちゃごちゃと出来て、そのあたりをカストリ横丁と呼ばれた。屋台に毛のはえたようなバラックの、縁台のような椅子に五、六人掛ければ一杯になるような店ばかりで、一杯になると、みんなまわりをかこんで、立ったまま、コップになみなみとつがれたカストリ焼酎を呑むわけである。

（巌谷大四「非常時日本文壇史」前掲『文壇資料　戦後・有楽町界隈』）

現在も、まだビル街に囲まれて、駅の東側だけには家並みの低い商店街があり、細道がこれを繋いでいるが、これが巌谷のいう横丁の名残である。

上野広小路――アメ横の母体

さて、山手線一周の旅は東京の北の玄関、上野付近までやってきた。一九四七年当時、上野駅と御徒町駅の間のガード下には、へばりつくようなかたちでヤミ市が長く続き、さらに広小路の裏側にかけての一帯に、お馴染みのヤミ市風景が展開している。戦後、そこに人びとが集まり、青空市場ができたのが最初である。東北線、上越・信越線、常磐線、あるいは秋葉原を経由して繋がる総武線、成田線などの各線を使い、各地方からたくさんの人が米や食料品を担いでここへやってくる。それは、敗戦直後の東京において、東北、信越、千葉の各方面からくる生活物資を東京に迎え入れる入り口の役割を果たしている。上野は、都心型のヤミ市——飲食、呑み屋型から出発したのではなく、後背地を背負って、物資集散ターミナル型のヤミ市として誕生したものなのである。

この場所でも、敗戦後は「組」と対抗勢力とのトラブルは絶え間がない。新橋、渋谷では、その相手が台湾系の華僑であったが、上野広小路では、朝鮮半島の人びととの縄張り争いが絶えない。一九四六年に、占領軍総司令部が、連合国の将兵とこれに協力する民間人以外の日本に居住する外国人には、日本の法律を適用すべきだ、と声明を発して、ようやく事態は沈静へと向かって動き出し、朝鮮半島の人びとは、仲御徒町四丁目に「国際親善マーケット」をつくって分離するが、その後も戦後の混乱は長く尾を引いている。

ところが、この激しい抗争の街、上野広小路に、「組」支配とはまったく関係のない素人の街が出現している。それは、上野駅から御徒町駅にかけてのガード下と通路に生まれた通称「アメ横」である。戦争末期、東京都はガード下の変電所を守るために、周囲を強制的に疎開させていた。そして一九四六年秋、東京都が管理していたこのガード下の道路を、まと

上野の露店　1946年の大晦日、歳末の買い出しでの賑わい。まあたらしい鍋や釜が豊富に並ぶ　提供：朝日新聞社

まった露店街として借り受けたのは、なんと「下谷引揚者会」という引揚者団体である。「組」の人びとのような戦前からの香具師《やし》ではないまったくの素人が、ガード下の西側道路に沿って、三十余個のコマ割りをし、このうち二十余コマを引揚者会会員に充当し、三、四人で一コマを共有するという露店街をつくるのである。しかも、自分たちでみつけたアメの生産者と取引して、アメの共同販売を計画し、これがみごとに成功して、たちまち三〇〇軒近いアメ屋の横丁が出現するのである。

いずれにせよ、ガード下の露店のアメ屋とその向かいに建てられた三角地帯の「近藤マーケット」とで、新たな街が形成されることになる。さらに翌年には、アメ業者たちがガード下を改築してマーケットをつくって移転し、また、「近藤マーケット」は一九四九年暮れに火災のために焼失するなど、めまぐるしい変化のなかで、アメ横はアメと水産物の卸問屋への方向を探っていくことになる。また、ちょうどこのころは、第七章に述べるように、占領軍の強い意思表示のもとでヤミ市を統制する「組」組織に強烈な弾圧が加えられる時期にあり、そのこととアメ横の成立とになんらかの関連があるとも考えられるが、現在は推測の域を出ない。

上野広小路アメ横には、もう一つの顔がある。ここには早くから密輸ルートや占領車の横流しで、外国物資が持ち込まれている。それが大規模な外国製品の市場に発展するのは朝鮮戦争以後であるが、アメ横は「飴横」でもあれば、また「アメ（リカ）横」でもあるという二重の性格を負っていたのである（上野広小路については、塩満一『アメ横三十五年の激史』〔東京稿房出版、一九八二年〕にその事情が詳しく載っている）。

池袋――ボランタリーチェーンの理想と現実

池袋ヤミ市もまた、上野同様、食料品の生産地を控えたターミナルとして出発し、盛り場に発展したものである。この場合の食料品とは、関東ローム層の高台にある農村から産出される野菜類、そして甘藷であった。戦前の表側だった池袋駅東口には、現在駅前広場になっている一万九三八〇平方メートルの広大な焼け跡があり、戦後すぐに格好の青空市場がつくられた。当時裏側だった西口も一面焼け野原で、現在東京芸術劇場が建っている旧豊島師範学校跡地や、駅前ビル街になっている三角地帯は、すべて露店市場となっている。

池袋露店商組合支部が、この東口に東京で最初の木造長屋マーケット、名付けて「池袋連鎖市場」をつくったのは、一九四六年三月のことである。このマーケットの構造については、前著『ヤミ市――東京池袋』（ドメス出版、一九八五年）に詳細に記してあるので、ここでは詳述しないが、一九四七年はじめから春頃には、全体が道路で三つの群に分かれ、整然と配置されている。飲食店が半数、しかもその大部分は呑み屋である。食料品を売るものが九・三％、衣料、靴の店が五％、その他が一〇・三％、これらを合わせても四分の一にしかならない。

池袋東口のマーケットは、東京露店商同業組合が、戦後の混乱期からの脱却を狙い、露店商としての生き残りを賭けて知恵を絞ったボランタリーチェーン構想を、都内ではじめて実現したものである。これはアメリカの小売業者のシステムを参考にしたもので、商品の共同仕入れ、適正価格の査定、不正の処置、組合員の共済・厚生などを目的に、連鎖式の商店街をつくりだそうとするものであった。実際には、「組」組織の体質や、占領軍の政策、物価統制令による営業停止などによって、ほとんど機能しなかったが、池袋東口にできた連鎖市場に倣って、主要駅前に木造の連鎖式市場、つまりマーケットがぞくぞくとできあがり、ヤミ市の体裁が一変するのである。

東口は、森田組が管理していた。ここは区役所ともよく連携してほとんどトラブルが発生していない。これに比べて、西口のヤミ市はいくつかの「組」組織が錯綜している。ここには一九四六年暮れ以来、一斉にマーケットができ、バス通りに面する側を仁栄マーケット、池袋邦映座を含む一角を森田組マーケット、その豊島師範学校よりの一角を上原組マーケット、そしてこれの中央に位置する最も大きいものを池袋戦災復興マーケットと称している。

西口は、規模としては東口よりも大きく、池袋戦災復興マーケットだけで、九一三一平方メートルもある。このマーケットは五一〇のコマからなり、年代は少しずれるが、一九五〇年の立教大学調査では、呑み屋が極めて多い。残りは飲食店と古着・古物商が多数を占めている（立教大学社会福祉研究室「池袋戦災復興マーケット実態調査」『HUMAN

開店を急ぐ池袋連鎖市場　都内ではじめての木造長屋式マーケットとなった（「朝日新聞」1946年3月13日）

RELATIONS No.2』一九五四年)。

もう一つ、右に挙げた池袋西口ヤミ市調査をみると、一九五〇年三月には、五一〇コマのうち営業店舗が三一五、そして住宅が一八二となっている。これについて同調査報告は、

かかるマーケット内に純然たる住宅がかくも多数存在するのは二十二年(注・一九四七年)五月末の飲食店禁止令の施行により飲み屋が店閉いを余儀なくされた為、それに伴つて飲み屋相手の商店も閉店のやむなきに至つたので……それを一般人の住宅に貸したその名残りである。

としている。ヤミ市化けて住宅となるというたいへん珍しい事実なので、付記しておく。

バルーンは、かくて山手線を一周した。このほかに大きなヤミ市としては、初期の米集散所としての赤羽、魚類の供給基地となった両国、駅前に長い連鎖市場ができた大森などいろいろのヤミ市も探訪しなければならないが、それはまた、改めて機会を待つことにしよう。

第二章　覗きこむヤミ市

ヤミ市建築の変化――ヨシズ・バラック・マーケット

かつて、ヤミ市の調査に協力してもらった建築関係の学生に、マーケットの図面をかいてもらったことがある。もちろん、元になるきちんとした絵図があるわけではない。調査を元にしたスケッチから起こしたものなのだが、できあがった図をみて、びっくりした。柱が立って、壁がある。当初のマーケットは、多くの場合壁がなく、ヨシズを回しただけなのだが、後には板壁がついて体裁が整うから、基本的にそうたいして間違いではない。ところがよく見ると、間柱があり、ヌキが通っている。板壁は縦にきちんと張られており、筋交《すじかい》まである。

学生にしてみれば、木造建築の建て方とは、本来こういうものだという先入観があるのだろう。だから、当たり前という感じで、スケッチの裏側にヌキや間柱を想像してしまったのである。もちろん、そんなものは当時のヤミ市にはない。何十年も前の民衆生活を追跡する場合、こうしたとんでもないイメージの食い違いがたくさん起こる。ほんとうは、マーケットには、時期によっては壁や屋根そのものがなかった時期もあり、取り壊しのはじまった一九五〇年ごろになっても、本格的な住宅の常識にのっとった工法などは取り入れられていないのである。

敗戦直後は、まったくの露天市だったし、店を広げるといっても、ビタといって、地べたに直接ゴザやスノコを敷くか、高さ一五センチほどの台を置き、その上に貧しい品じなを展《ひろ》げて売り買いするという簡単なものだった。

新宿をはじめ、新橋、浅草、上野、渋谷などに出現したヤミ市は、露天のつぎがヨシズ張りである。一軒ずつの地割りをして、ヨシズで囲いをつくり、ここに店を開いた。もう少し後になると、ここへ屋台を持ち込んで、ヨシズと屋台の組み合わせで店らしい体裁ができあがるのである。ついで、ヨシズのまわりに柱が立ち、そのうえさらに、ヨシズの簡易な屋根というか、日除けがかけられる。さらに、わずかの期間をおいて、ベニヤの板壁になり、屋根がつく。

かくて、木造の連鎖市場、当時マーケットと呼ばれた街がはじめて出現したのは、池袋である。一九四六年三月、ここにはじめて移動式ではなく、固定した建築物が並んで、ヤミ市の原型が整うことになった。この時の木造長屋式店舗の総数は二五〇戸である。さらにこの年の秋までには、六月に目白、ついで新宿、渋谷、五反田などに同じようなものがつぎつぎと誕生する。

こうして、マーケットと路上の屋台とがはっきり分離されてくる。ここでいう屋台は、現在縁日でみるものと基本的に同じである。三寸（台の幅が六尺三寸だったことに由来する。現在は幅約一〇〇センチメートル、奥行約五〇センチメートルの足付きの台を置いて、上に商品を並べる。布張りの屋根、つまり天張りをつけるものもある）、小店（三寸より小さい台をつかう、天張りはない）が大部分で、一部がビタである。

ヤミ市の地域・建築設計──新宿

東京でのヤミ市の多くは、新橋西口や新宿東口のように、鉄道駅付近の強制疎開の跡地か、戦災の跡地につくられたものであった。とくに後者は、はっきりと所有者が存在している土地へ勝手に踏み込んで、地割りをしてヨシズ張りをつくったり、木造長屋のマーケットをつくったりしたものだった。しかし、当時の行政と警察は、ほとんどこれに干渉しなかったばかりか、当初は「土地使用権も帝都復興のため」というお墨つきを与えて積極的に関与していることも少なくない。こんなところにも、現在の尺度で推し量れない不思議なところがある。

こうして、土地の使用料は請求されず、所有権もない土地の上で、エネルギッシュな、そして荒っぽい商売が展開された。この時期は、一九八〇年代のバブル神話の時期のような、土地自体が利潤を生む時代ではない。土地はあくまで市場として利用してはじめて利益を生む。だからヤミ市マーケットが出現したとき、それが意識的であったかどうかは別にして、

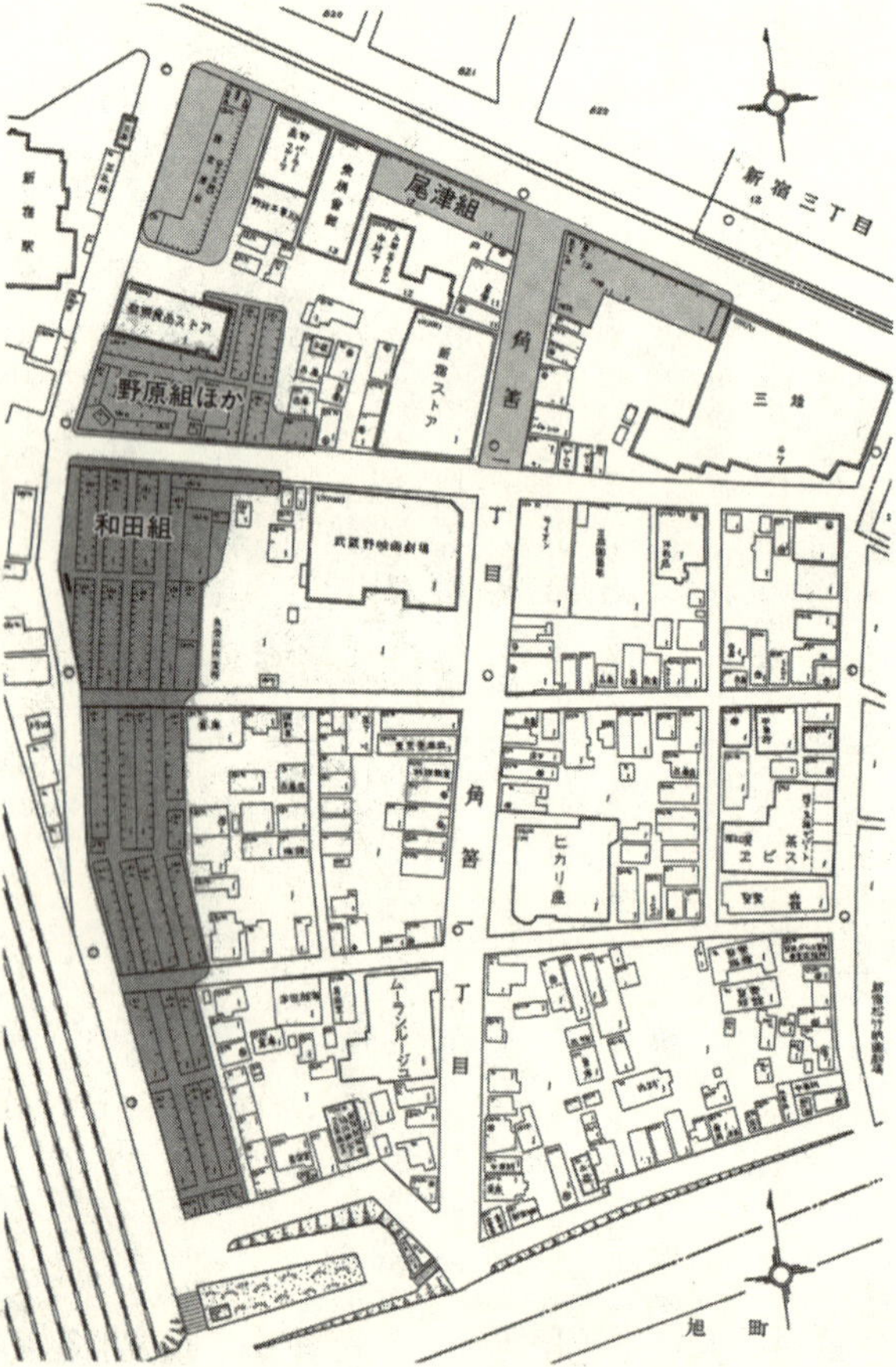

新宿駅東口付近ヤミ市の大まかな分布　（株式会社都市整図社制作「火災保険特殊地図　1949年」［東京都江戸東京博物館提供］をもとに作成）

新宿駅東口付近から南口方面に伸びる露店街　(1949年前後『東京都江戸東京博物館　調査報告書　第2集』)

結果的に、市場としての機能を十分発揮できるよういろいろと配慮された仕組みになっている。とくに注意を引くのは、客の導線、つまりヤミ市のなかの横丁、細道のつくり方である。

新宿東口の場合、駅の東側から南口へと広がっていた強制疎開跡地がヤミ市へのアプローチとしては最適であった。そこで、尾津組はまず、新宿通りとこの跡地の角を中心としてヤミ市の拠点をつくり、さらに、いくつかの組がそれぞれ特色のあるシマをつくって、新宿東口のヤミ市を形成していった。

「聚楽」の周辺はカスバのように鉤《かぎ》の手になり、裏道になったハモニカ長屋が秘密めいた街をつくりだしていた。それに対してその南の飲食街は、食い物屋と呑み屋とが、まるでわざとのように混在していた。さまざまな食の欲望を、値段との折り合いで、自由に選べる仕組みができていたのである。

さらに、その南側のヤミ市どんづまりに入る手前で、道の向きが少し変わる。だから、ここは北側の駅方向からは一直線に見通せない。そしてここへ入ると、雰囲気もまた一段と変化する。ここは売春を主とする特殊な飲食店の連鎖だったのである。

その一方、昼の買い物客たちは、新宿通りや「武蔵野館」へ通じる道路に満ち溢れていた。道路に面したコンクリートの残骸を使った店や、歩道の露店ヤミ市が、隙間なく並んでいた。日用雑貨や乾物を扱う店は新宿通りを中心に、生鮮食料品、とくに鮮魚などの店は「武蔵野館」へ通ずる道路に集中する、といった区分があった。

街の客たちは、それぞれの思惑によって、あまり混じり合うことなく、それぞれの場所へと導かれ、巧まざる導線ができあがっていたのである。

ヤミ市建築の豪華版──新橋「新生マーケット」

この時期、もっとも本格的な建築として注目されたのは、一九四六年八月に新橋西口に開店した「新生マーケット」である。駅前の青空市場の一角を壊してつくられ、総二階、建築面積六五六〇平方メートルの建物は、当時としては大規模なものであった。

「新生マーケット」誕生前の新橋駅前青空市場　(1946年4月、毎日新聞社)

いうまでもなく、これは無断借地である。戦争末期、東京の駅前など、空襲による火災の被害が大きいと考えられる地域は、強制疎開の対象として取り壊された。江戸時代以来の防火法、つまり火《ひ》除地《よけち》の設定である。戦後の新橋駅前ヤミ市の場所は、こうした強制疎開の跡地だった。ところが、さきにふれたように、

緑地化実現までの数年間の土地使用権も帝都復興のためならと都計画局から文句なしで認可となつた、

（「朝日新聞」一九四六年六月一二日）

というのだから、ずいぶんと乱暴な時代である。こういった戦後の土地使用をめぐる行政と「組」組織との取決めが、後にたくさんの紛争を生むことになるのだが、その話は第七章に譲ることにしよう。

いずれにせよ、ここには、

……総工費一千万円使用木材約二万石……階下は一級店（八坪）七十二軒二級店（四・五坪）百十五軒三級店（二・五坪）百一軒の計二百八十八軒、階上は……貸事務所に開放する、……このほど二百八十八軒を全部決定した　（同）

この時代にこんな建築物を建てることは、庶民にとって夢のまた夢であった。この年一二月、警視庁の調べでは、壕舎が二万八八八一戸、バラックが二万六三二八戸、このうち一四四六戸は雨漏りがひどかったり、畳やゴザばかりか建具や寝具もないという状況だったのである（家庭総合研究会編『昭和家庭史年表』河出書房新社、一九九〇年）。五月に公布された臨時建築制限令では、不要不急の建物、五〇平方メートル以上の住宅、店舗の建築が禁止されていた。こんななかで二八八軒の店舗を収容する店舗建物をつくること自体が、尋常なことではなかった。

各店舗の契約金は三千円、家賃は一坪約百円、……駅ホーム側の表通りに装飾、美術、書籍、薬品等の一流店を、その裏通りの二級、三級店に喫茶、飲食店と生必雑貨店を集中する　（同）

というが、それにしても一級店の広さが二六・四平方メートル、三級店にいたっては四・九五平方メートル、つまり三畳分だというのがこの時代らしい。

さらに、

屋上には東京名物にしようというふネオンの大広告燈を立て各商店の看板も総ネオンで店内設備も全部電化し……　（同）

とあるが、この年、石炭不足で火力発電用の石炭も枯渇してしまい、火力発電中心だった当時、全国的な電力危機がはじまっていた。受験生たちは電力系統の異なる鉄道駅の待合室などで勉強した。そんな時期のネオン広告だったのである。世の中はすべてアンバランスに動いていた。

そして、さらにアンバランスは続く。せっかくの「新生マーケット」は、ヤミ市を支配する「組」同士の抗争もあってか、約半年後の翌四七年二月、火災によって三分の二を失い、やがて潰れてしまった。

引揚者、戦災者はもち論、万人が住宅難のため一軒の家に数世帯があえいでいる。「必ず住宅を建てましよう」と約束した大臣様はサッサと辞職して知らぬ顔。何時になつたら—と首を長くしている時も時、アラ不思議、他方ではセンセーションを起す位派手に火事の為燃えてしまつた新築マーケットもあり、この種のしろものは雨後のタケノコのように建つてゆく。

（「朝日新聞」声欄、一九四七年三月二三日）

ヤミ市の店舗建築とディスプレイ①——昼のマーケット

一般のヤミ市では、こんな豪華な店舗が立ち並んでいたわけではない。その広さはまちまちだが、一九四六年に、木造の簡易な連鎖店舗ができたときから、一コマ、つまり一軒分の間口はだいたい一間（約一・八メートル）から一間半（約二・七メートル）、奥行は一間半から二間半（四・五メートル）であった。また、ヤミ市を建設した各「組」では、この時点から、権利金と家賃を取って運営していた。

場所	間口	奥行	権利金	家賃

新橋	一間	一間半	四、五〇〇円	八〇円
			（最高二五、〇〇〇円）	
有楽町	一間半	一間半	七、五〇〇円	一五〇円
荻窪	一間半	二間	二、〇〇〇円	二〇〇円
蒲田	一間半	一間半	一〇、〇〇〇円	二五〇円
大塚	一間半	二間	七、五〇〇円	六〇円
新宿西口	一間半	二間半	一五、〇〇〇円	六〇〇円

（「露商新報」一九四六年九月一五日、大河内一男編『戦後社会の実態分析』日本評論社、一九五〇年）

この他、上野アメ横では、権利金一万八〇〇〇円、家賃二〇〇円、その後ガード下にできたマーケットは、権利金とも買い取りで一五万円前後だったという（『アメ横三十五年の激史』）。

当時いちばん長い連鎖長屋となっていたのはたぶん大森駅前で、駅前から新井宿二丁目大森郵便局前まで、九九〇メートルも続いていた。歩道の幅は二メートル足らずだが、その半分以上をマーケットが占拠し、そこに四〇〇軒が店を並べていた。すでに述べたように、これらのマーケットが建っている土地はすべて非合法の占拠である。大森の場合は公道上であ

るから、区役所と警察が再三の立ち退きを申し入れているが、

こゝに根づいた業者たちは死活の問題だと頑として動かず、当局のいふマーケツトと縁日屋の中間を行く新趣向だと鼻を高くしてゐる

（「朝日新聞」一九四六年一〇月一三日）

ヤミ市マーケットの建築様式は、大きく分けると三種類になる。まず昼のマーケットであるが、ここではほとんどの店が買い物客相手の商売であるから、立地条件とディスプレイが重要である。できるだけ人通りが多くて賑わっている場所で、商品が十分目につくように並べられていなければならない。なにしろ、一九三〇年代末以来の物資欠乏のなかで、ほとんど目にすることのなかったものがどっとヤミ市に現れたのであるから、上品な店構えや、客の目を引くショーウインドーなどでは間に合わない。というよりは、そんなものはまだヤミ市の世界には出現していない。ひたすら品物の豊富さをみせつけ、豊饒に輝く街をつくりだせばよかった。

だから、尾津組のつくった新宿通りのヤミ市は、焼けたビルの表側をそのまま使って雨露を凌ぐだけの場所に、洋品屋、化粧品屋、電気器具屋、雑貨屋、食料品屋などが、ごたごたと店を並べて開業したものであった。そうした品物の間に、戦闘服や国民服の群衆が、押す

な押すなと詰めかけていたのである。
これらは当然、不法占拠であるから、本来の持ち主たちは大いに困ったが、戦争直後の混乱期で、解決するにはかなりの努力が必要だった。「中村屋」の場合には、建物のうち表通りに面した木造の二六〇平方メートルが焼けたが、この空間を尾津組が仕切って又貸ししていた。「中村屋」が元のように表通りへ戻るのは、ようやく一九五〇年代になってからである。

歩道の店は、最初戸板やゴザの上に品物を並べた屋根もない露店だったが、一九四六年春以降になると、次第に屋台形式が中心になり、露店の体裁を整えはじめる。

ヤミ市の店舗建築とディスプレイ②――バラック長屋の飲食店街

二番目の建築様式は、飲食店中心の街にみられるものである。右に掲げたように、この種のマーケットの一コマは、普通一辺が一間（約一・八メートル）から一・五間（約二・七メートル）の矩形ないし正方形である。ヨシズを回して商売していたが、マーケットができて、まず柱と屋根ができ、ついで床が張られた。壁や内装は入居した人びとが自前でつくったものが多い。後には、こうした木造長屋形式のものが一般的になった。しかし、どのヤミ市でも規格のスペースが決まっていたというわけではなく、一つの街でも、いくつもの広さが混在していた。そのうち、もっとも多かったと思われるのは、一間×一・五間の矩形である。新宿東口、池袋東口という、筆者が詳しく調査したヤミ市は、基本的にこのモデルでつくられていた。

いまから考えればたいへん狭いスペースである。畳に直すと三畳分しかない。ここに客と店の者が入り込んで飲み食いする。そして、この空間をいかに利用するかが、ヤミ市商売の腕のみせどころである。ざっとみて、この種の店には、立食とスタンド形式の二通りのサービスがある。前者の代表は、おでん屋であろう。この場合、カウンターを店の前面いっぱいにつくる。その端の一部は、下から潜れるようにしておき、店の者はここから内部へ出入りする。したがって、店のスペースは三畳だが、客は外に立って皿を抱え、現代の駅ソバの形で立食するから、実際のスペースは横丁の道にはみ出して大きく広がる。道すなわち店というわけである。

一九四七年ごろのこういった店では、まず、整地もろくに完了していない地面の上に一間×一・五間の間隔で柱を立てる。長屋は横につながるだけでなく、たいてい背中合わせになっている。この柱に簡単な梁をかけ、トントン葺き（小割りにした薄い板をつぎつぎと張り合わせてつくった簡単な板屋根。少しずつトントンと打っていくことからこの名がある）の屋根をかける。当時の写真を見ると、背中合わせの長屋の間に、山型ではなくV字の屋根がみえる（四五ページの写真参照）。これで雨が降ったら水はどうやって処理していたのか見当がつかないが、この屋根のお陰で店の前面が高くなり、看板を掲げるスペースが生まれている。三方の壁は、長屋形式の板壁か、あるいはヨシズである。板張りの場合も、カンナの掛かっていない節だらけの横板である。これをぶっつけで張ったものだから、下手をすれば、隣が透けて見える。間柱もヌキもないのはすでに述べた通りである。

前面は、ヨシズで囲ったものもあり、閉店後に戸板で閉めたものもある。工夫されたものとしては、前面のカウンターの下部に板を張り、上半分を蔀戸《しとみど》にしたものがある。蔀戸とは、古い板戸の形式で、今日でも古い寺などに見ることができるものだが、上に蝶番《ちょうつがい》がついており、下から押し上げて外側に開き、つっかえ棒を斜めに使って支える。これだと、昼は蔀戸が庇《ひさし》の役目を果たし、夜は雨戸に変わる。

スタンド形式でサービスする店では、当然スペースの使い方がこれとは異なる。ここでは、カウンターが前面を占領するやり方と、カウンターを鉤の手につくるやり方とがあるが、居心地の点では後者の方がずっといい。間口一間の前面いっぱいから、一間半の奥までL字型にカウンターを回すと、客をうまく詰め込めば、店のなかに五人、店の前の道にはみ出して椅子を置き三、四人を腰掛けさせることができる。もちろん、上等のスタンドなど置いたら場所を塞いでしまうが、木でつくった丸椅子か、さもなければ木製のベンチである。ベンチの方が詰めやすい。この場合、店の者が中へ入るには、いちばん奥のカウンター端の下部に小さなハネ戸をつくっておき、ここから出入りする。客が座っていれば通れないから、客でも店の者でもだれかが移動するときは全員が立ち上がる。雨の日にも商売できるのは、蔀戸が庇になっているからである。お陰で、尻が出ていても濡れない。

店の者は、大体二人である。一人は主人ないしは女将《おかみ》で、あとは妻ないしは従業員である。ある寿司屋を例にとると、主人がカウンターの内側に入っている。幅三〇センチのカウンターがL字型に回り、前面内側には幅の狭い調理台がついている。前面カウンターの下には小さな中古の氷冷蔵庫があり、カストリの瓶が並び、ネタが入っている。調理台にはごく少ししか載せておかない。手入れの際にみつけられず、また迅速に片付けられるようにという配慮である。調理台には三〇センチ×四〇センチの真鍮のたがはまったお櫃《ひつ》があり、まな板がある。

水道栓は店のなかにはない。ガス設備もない。店の真ん中に一つ、はだか電球が下がっている。天井裏はごく狭いが、これを二階と呼ぶ。住む家のない従業員がここで寝る店も珍しくなかった。この店ではこれを物入れに使って、瓶、皿の類を置いている。

店の主人の妻がいる場所がないが、かのじょは常に道に立っている。ここ以外にサービスするスペースはない（「新宿報告書」九四—九八ページ、「むらさき」の場合）。


ヤミ市の店舗建築とディスプレイ③——三階建ての夜の街

三番目は、一般の市民があまり出入りしなかったヤミ市のネガの部分である。この売春の街は、表向き、飲食街とそれほど違っているわけではない。ここもまた、夜の街である。カウンターがあって、椅子がある。ただ、この街には、喧騒がない。歌声もない。そして、街をみあげると、店の建て方が飲食街と違っているのにようやく気づく。

ここは、当時としては珍しい木造二階建てであった。二階建てといっても今日の建物を想像してはいけない。平屋屋根の一部を細工して、人がわずかに入り込むことができるようにしただけである。だから、天井が極端に低い。一階から上がるのにまともな階段もない。あるのは一階の奥にある梯子のような急階段だけである。客が店に入ると、そこは一見なんの変哲もないヤミ市の呑み屋である。しかし、ここはなんとなくがらんとしていて、とても腰を落ち着けて呑むという雰囲気ではない。それもそのはず、ここは特殊な商談の場で、ちょっと一杯やりながら、話がまとまると、奥の梯子段を上って二階へ上がる仕組みになっていた。

この建築様式とまったく同じではないが、今日でも新宿ゴールデン街で似たものをみることができる。ここは元来、ヤミ市取り壊しの後、移転してできた場所である。新宿の東口、現在は電気器具大量販売店が軒を並べているあたりにあった尾津組のヤミ市「竜宮マート」の人びとと、新宿二丁目の特殊な飲食店が、都市計画の煽りで新宿三光町へ移転して街ができた。その際、売春宿を再建しようとした人びとが、いままでより少しはましなものを、と願ってつくったのが、新宿ゴールデン街の三階建てである。一階が呑み屋になっているのは元と同じ形式だが、二階は経営者の住居で、三階がお目当ての場所という設計であった。まったくの屋根裏部屋だから、天井は極端に低く、立つこともできない。そしてここが女性たちの仕事場でもあり、住まいでもあった。もちろんいまではこの建物も古くなり、三階は物置にされ、二階は時に小さな宴会場になったりしている（渡辺英綱『新宿ゴールデン街』〔晶文社、一九八六年〕にはその実態について詳細な記述がある）。

インフラストラクチャーの構築

どの街のヤミ市でも一様に備えていたのは、電線である。もっとも、戦後は電力事情が逼迫しており、一九四〇年代末まで、停電が頻繁に起こっていた。もっともひどい状況に落ち込んだ一九四七年には「連日停電」という新語が生まれ、春から夏のあいだ家庭が週二回昼間一二時間の停電を強制されていた。だから、ヤミ市に電気がきていたからといって、自由に電力を利用できたわけではない。まして、ほとんど満足な電気器具が存在しなかった時代である。ヤミ市にあったのは、原則的に一店一灯のはだか電灯であった。ここでこっそりヒーターなど使えば、たちまち街中が停電の騒ぎとなる。

水道は、場所によって水道栓が十分に残っていたところもあるが、多くは一つの街にいくつかの共同栓と井戸があっただけだった。遠い井戸や水道栓から水を汲むのは、時に戦災孤児の仕事だった。飲食店では、上水用の大きいバケツと汚水用のバケツとを備えていたものが少なくない。汚水はいっぱいになると、空き地へ運んで投げ捨てたが、ゴミはほとんど出なかったし、それほど腐敗したものが混じっていたわけではなかった。一九四七年ころまでのヤミ市飲食店では、残り物など出るはずがなかったからである。

なかには、排水の設備をもつマーケットもなかったわけではない。池袋東口に森田組がつくったマーケットはその数少ないものの一つである。当初から土管を入れて道路に排水口をつくったのが、このマーケットの自慢であった。

また、マーケットのトイレはお世辞にも衛生的とはいえない代物であった。マーケットの外れにぽつんと置かれた共同便所は、もちろん汲み取り式で、男性の多くがそこまで行かずに野天で小用を足していた。店のなかにトイレを備えるほどのスペースはどこにもなかったし、だれも考えもしなかった。新橋烏森には、後になるとちょっとしたつくりの共同便所ができたが、これは近所の店の共同所有で、よんどころない客は、店ごとに大きな札のついた鍵を渡されてトイレへでかけていった。

ガスは、特殊な場所以外まったく使えなかった。木炭や薪が燃料として用いられていた。駅の構内や周囲では、朝になると、地方から薪や柴を担いでくる人たちとマーケットの人びとが取引している姿がみられた。

ヤミ市は、都市としての機能をすべて失った日本の都市の中で、それでも都市の人びとの生活と欲求とが必然的に生み出したエネルギッシュな存在だった。

第三章　ヤミ市にひしめく人びと

第一世代の出自

都内の鉄道駅前に、ゴザを広げ、蜜柑箱を並べて、いち早くひしめいていたヤミ市の人びと、それを第一世代と呼ぶことができるならば、かれらのほとんどは、本来の露店商人ではなかった。それまでは、それぞれが職業を持ち、生計を営む術を知っていた人びとであった。ところが、戦争はまず非軍事産業の多くを不要不急として営業停止にし、さまざまな平和的な仕事に従事していた人たちを、軍需産業へと駆り出した。青年男子の大部分は兵士として戦場へ送り出された。そして、残った老人や女性子供は、空襲の罹災者となって、家や命までも失った。そうしたなかで東京に残った人びとが、生活の糧を求めて敗戦直後の鉄道駅前に集まったのである。それを束ねたのは、戦争前からの露店商人たちであったが、ヤミ市商売を実際に手掛けはじめた者の多くは、露店の商売とはまったく無縁な人たちであった。

だからそのなかには老若男女さまざまな人間模様があり、それが万華鏡になって、初期のヤミ市を彩っていた。

東京露店商同業組合員構成（名）（調査総数5,102名）

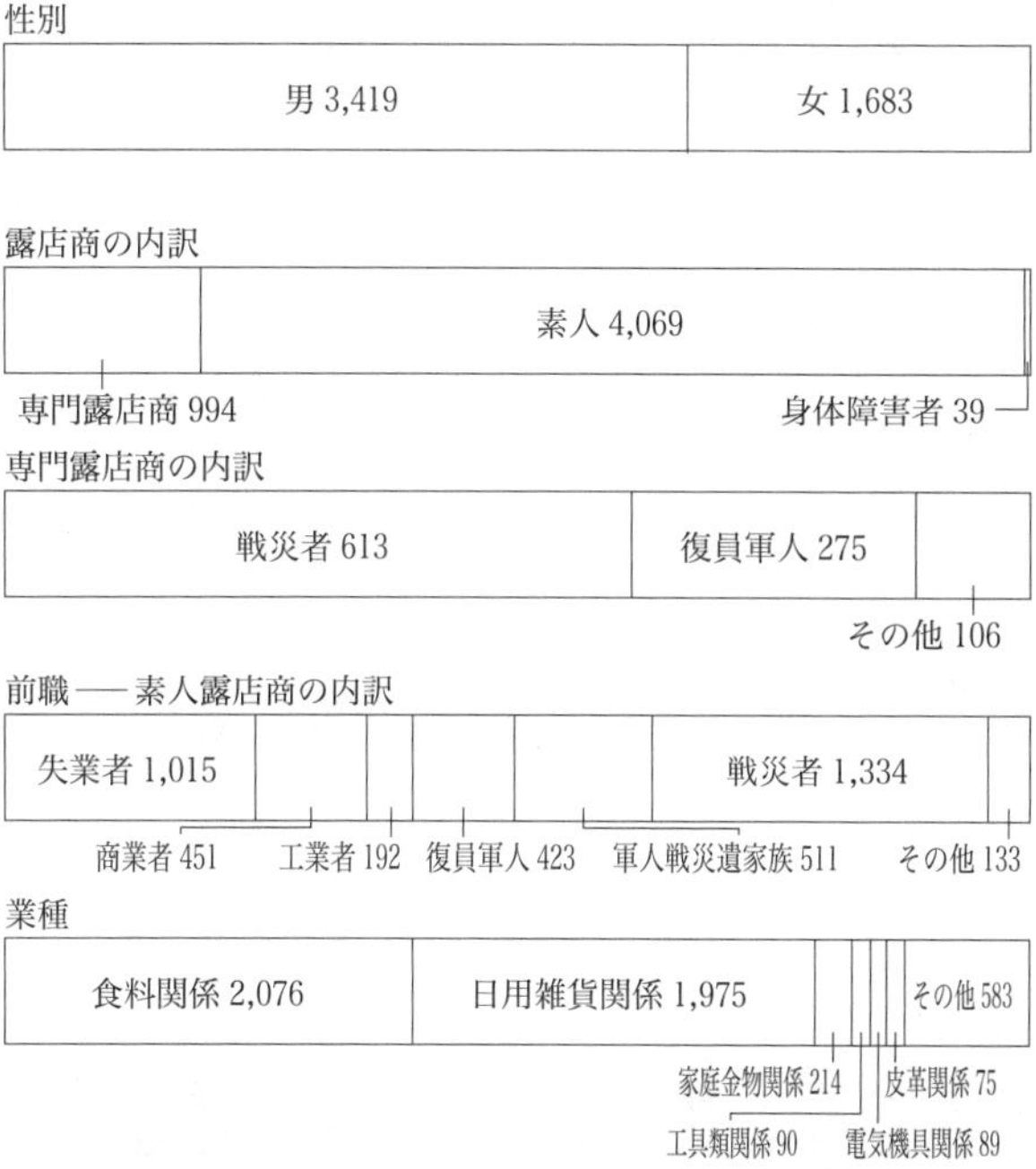

注　1．1946年7月東京露店商同業組合本部調査（大河内一男編『戦後社会の実態分析』に拠る。数値はママ）

2．1946年7月末の組合員総数59,655名のうち、その8.55％に当たる5,102名についての調査結果である

■中小商業者

一五年戦争のなかで進められた国家総動員体制の下で、企業整備による軍需産業への転換によって、日本の都市産業のほとんどは、転換ないし休業を余儀なくされた。中小商業者たちは、その仕入れから販売までを特定の国策統制会社や公団組織（営団）に独占され、その家業を失った。あとは、戦時徴用という強制的な就労によって軍需工場に配属されるか、米穀配給所など配給機構の末端を受け持って細々と生活を続けるか、いずれかの道しか残されていなかった。

そのうえ、戦争末期の空襲によって、都市の家屋はその多くが焼失した。「東京都政概要昭和二八年度」は、これについて、罹災者が三〇〇万人、住宅七六万八〇〇〇戸が焼失したと記している。この数字は、一九四五年一月当時の都民人口の五一％、一九四三年当時の都内住宅の五六％に当たるという。いかに多くの人びとが路頭に投げ出されたかが想像できよう。

戦争が終って、この人びとが商売に戻ろうとしたとき、そこには瓦礫の山しか残っていなかった。おまけに、取り扱う商品の流通ルートは支離滅裂になっており、品物そのものがヤミに潜っていた。元中小商業者たちは、かくて、かつての商売の腕を頼りに、裸一貫でヤミ市へ入り込んできたのである。

■軍需工場の失業者

戦後、軍需工場は閉鎖されて徴用工はただちに解雇された。会社解散時の特殊な退職金でしばらくは生活できたにせよ、そんな暮らしがいつまでも続くわけがない。こうした失業者が選んだ道は、地方から食料品などの生活物資を運んで利鞘をかせぐか、こうした品物を仕入れてヤミ市で売るか、いずれかだったのである。

敗戦直後からの数年間は、国内の主要な工場は大部分が賠償対象となり、残ったものは中小の工場ばかりであった。一九四五年一〇月二一日の「朝日新聞」によると、敗戦直前の東京都で、一〇人以上の従業員をもつ徴用工場（徴用工員で成り立つ戦時工場）は、五四五七工場だった。しかしこのうち、敗戦後二ヵ月のこの時点で、操業していたものは、約四割しかない。戦前からのものが一九五六、戦時中に強制転換したものが九〇、あわせて二〇四六の工場が残っただけである。このなかには、化粧品、薬品、電気通信器具、印刷、加工食料、靴、自動車部品、皮革、電線、農機具、家具、時計、玩具、建築、金物などの業種があげられているが、いずれも手持ちの資材で仕事をしており、将来の目途はまったく立っていない。さらに、製品の中には暴落したものもあり、経済の浮動状態が続いていた。

こうした工場で働く人びとは、それまで職員工員合わせて約五六万人だったというが、戦後の一ヵ月で、このうち約一三万人が自発退職し、二〇万人が解雇されている。新規採用者が二万人。したがって、この時期の従業員数は、男子二〇万人、女子五万人、合わせて戦時中の約五割となっている。都内で働いていた職員工員の約半数が突然、わずかの時期に失業する羽目になったのである。

食料問題の解決はもちろんだが、失業対策要望の叫びが圧倒的である、どさくさに紛れて荒稼ぎしようといふのは三十歳以上のものに多く、退職したものの落着く先は〝闇屋〟だといふ、

（「朝日新聞」一九四五年一〇月二一日）

■復員者と引揚者

（復員とは）戦時動員態勢を解除して平時編成に戻すことを示す軍事用語だが、ポツダム宣言を受諾して無条件降伏に調印した時点において軍隊の解体が事実上決定しており、この場合の復員とは実際には、兵士らの外地から内地への帰還を意味していた。

（「復員省」『戦後史大事典』三省堂、一九九一年）

一九四五年（昭和二〇）八月一五日の敗戦により、軍人・軍属とともに一般邦人も海外で蓄えてきた資産などを放棄して帰国せざるをえなくなり、日本に帰ってきたことを引き揚げといい、その人たちを引き揚げ者という。

（「引き揚げと復員」『戦後史大事典』）

敗戦直後海外にいた軍人・軍属、一般邦人は合わせて六六〇万人だったというが、一九四八年には東南アジアからの引揚げもほとんど完了、その後一九五〇年代までは集団引揚げが続き、最終的には六三〇万人が日本へ帰ってきた。しかも、その帰国が集中したのは、国内の生活環境がどん底にあった戦争直後で、一九四五年から四六年の間に五〇〇万人以上がどっと帰国してきたことから、国内は乏しい生活物資をさらにたくさんの日本人で分け合う羽目になった。

一九四七年八月までの復員兵は、陸軍二四八万人、海軍三三万人、合わせて二八一万人だったというが、東京都民生局保護課調査によると、一九四七年九月末までに東京都の区部へ復員してきた者は、一九万八三六五名であった。また、この期間に区部へ転入してきた引揚者は、一三万九九二三名であった。両者を合わせると、この間に三三万八二八八名の復員者・引揚者が転入してきたわけである（『東京百年史』第六巻、ぎょうせい、一九七九年）。

これより先、都市での食料事情の悪化を懸念した政府は、一九四六年三月、都会地転入抑制緊急措置令を公布し、東京都など一都二四市への特例以外の転入を禁止し、以後一九五七年末まで転入抑制が続くのだが、引揚者はその枠外にあって、「その他内務大臣の定めるもの」として転入を許されていた。

だが、都内に居住することを許されることと、生活を保障されることとは、まったく別のことである。復員者・引揚者たちは、東京へ帰ることのできた喜びも束の間、その周囲にはたちまち生活苦が押し寄せてきた。なかには、それまでに在籍していた職場へ戻れた者もあるが、もともとの職業軍人や職場を失った人びとは、国内の失業者たちと同様に、ヤミ市に流れ込むか、かつぎ屋という運び人になって生活を続けなければならなかった。

渋谷道玄坂のバラック百貨店の一角、さゝやかに薬小間物類を並べ、客応対も素人臭いゴマシホ頭の老人、これぞノモンハンは〝荻洲集団〟で聞えた荻洲立兵中将である五日開店したばかり、貞子夫人も交替で勤め、親子六人の生活立て直しに懸命…

(「朝日新聞」一九四六年八月七日)

大河内一男編『戦後社会の実態分析』では、引揚者について、

唯々特に他の者達と異つている点は、……引揚後も海外で指導的地位にあつた者を中心に、組織的に連絡を取り、団結して事業を営む者が多い。所によつては、そうした団結により引揚者だけの露店乃至マーケットを営んで、指導者達が大量に仕入れを行い、出店者に販売をさせると云うことを行つている。

と記しているが、実態についてはよくわからない。

■半失業者

これについても、『戦後社会の実態分析』は、面白いコメントをつけている。

> 之は極めて特異な型であり、自らはちゃんとした定職を持つた労働者でありながら、インフレにより実質賃金が極度に低下したため、労働の片手間に会社・工場を休んで露店商を営み、急迫した生活を支えんとするものである。

もっとも、こうした副職業的なヤミ市商人は初期のもので、木造連鎖式のマーケットが主流となった時代以降は次第に姿を消している。

しかし、それまでのヤミ市に店を広げた人びとのなかには、その日一日の露店商売もあれば、箪笥の奥から引き出してきた品物を並べて売りに出す、リサイクル・バザーの走りのような人たちもいた。はじめのうちはこうした素人同士の物々交換的な商売もあったし、それでも無条件に買い手は存在していたのである。なかには、売るものがなくなって、仕方なくヤミ市に立って身を売る教師までいたらしい。これについて、一九四六年六月一七日の朝日新聞はつぎのように伝えている。

中等教員の平均収入は三百五十円、昼食ぬきの授業では内容もどんなに低調となるかは明らかだ、預貯金もなく、家具衣類手持品もあらかた売りつくした、あとは借金か仕送り、内職も昔ながらの家庭教師、飜訳筆耕が主なものである、ちかごろは理科教師が夜間工員になつたり、女教員が活花、技芸、裁縫の師匠となる位は常識、某私立中学教員が家族六名をかゝへ、つひに闇市に立つたのを生徒に見つけられて引責退職したといふ……

（「朝日新聞」一九四六年六月一七日）

■旧植民地・占領地の人びと

この項については、ほとんど手持ちの材料がない。当時、この人びとの生活実態がまったくといってよいほど記録されていないからである。『戦後社会の実態分析』でも、「之は全く調査されていないが」と前置きしているが、つぎのように簡単な説明を加えている。

敗戦を契機として、奴隷的労働の分野から解放され、帰国を思い止まつた部分は、その鞏固な民族的連帯感から結束を固め、経済的活動を開始した。とりわけ、華僑等に特有な前期的商業資本を背景として、日本人の露店商には到底出来ない様な大がかりな組織の下に、大量の商品取引を通じ、大規模な蓄積を行つてゐると見られる。特に、久しい間の官憲の圧迫の反動として、禁制品等の取締りが行われても、全く平然と革靴・ゴム製品・繊維製品・主食等の販売をしていた。

日本が、旧植民地の人びとをどんなに苦しい生活に追い込んでいたかは、さまざまに伝えられている。その人びとのうち、戦後も日本で暮らすことになった者は、日本人同様の経済的困難に直面し、その一部は、かつて日本が植民地で行なった差別的なやり方を見習って、取締りの少ないのを逆用したかなり強気の商売をする場合もあったことは、すでに述べたとおりである。いずれも生きるのに必死の時代であった。一九四八年七月三〇日の朝日新聞は、「華僑も一億五千万円」という見出しで、税金支払いについて、交渉がまとまったことを報じている。

初期ヤミ市商人からの脱却

こうした素人商売に最初の転機が訪れたのは、マーケットが次第に体裁を整えていった時期である。敗戦直後の青空市場では、だれでも露店商組合に登録しさえすれば、比較的簡単に店を広げて商売することができた。ところが、簡単なヨシズ掛けでも、土地に囲いができるようになると、不法占拠の土地に地上権が生まれた。いくらかの口銭《こうせん》を払って、はじめて商売できるシステムができあがった。そして、柱に屋根だけのバラックができて、それでも、マーケットという名がつけられた。こうなると、店を出すのに権利金が必要になる。それでも、はじめのころは商売といえるようなものではなかった。

例えば、池袋の饅頭屋Aさんは、そんなヤミ市へ出てきた経緯をつぎのように語る。

まあ、当時住んでいた入間川から出てくるにしても食い物がなきゃ困るから、自分の食い扶持に、芋を担いできたんだな。……この当時はトントン葺きの屋根でね。ゴザを敷いて、さあ、どうしようか、とひっくり返って、考えてた。担いできた芋を焼いたか、煮たか、覚えてないけど、食べながらね。まだ小遣いが残ってたんで、焼酎かなんか呑んでさ。芋はそこへ転がしといたの。なにしろリュック一杯背負ってきたんだから。そしたら、これを覗く奴がいて、あらお芋売ってるわ、頂戴って、バラバラっと売れちまった。で、自分の食べるのがなくなっちゃったから、仕方ない、また担いでくると、また売れちまう。……これで結局、芋を売ることになっちゃった。

このようにしてはじまったマーケットであるが、すぐさま権利金が一般化し、店の売買がはじまった。第二章で紹介した各地のヤミ市権利金とはそうした性格のものであった。そして、ここでは一定のまとまった金を準備し、これを元にして商売することから、ヤミ市の人びとの性格がだんだんと二つに分かれだした。露店で零細な日銭を稼ぐ人びとと、マーケットである程度安定した商売を続けようとする人びととの間に、ヤミ商売のありかたに違いが生まれてきたのである。

甘味店のBさんは、マーケットの素人商売が衰えていった過程を、つぎのように語っている。

あん蜜屋っていってたけど、はじめのうちは、そりゃひどいもんです。……芝浦の倉庫にいいものがあるっていう。これが澱粉なんですね。倉庫に二〇〇俵ばかし寝ているっていうんで。それで商売しようということになって、取りにいった。あのときは、途中の怖さったらなかったね。進駐軍の兵隊ばかしうろうろしてたもんです。そのなかをトラックで、……隠匿品を取りに行くんだから。危ないなんてもんじゃない。これがマーケットで食い物に化けたわけなんですね。この澱粉をクズに溶くでしょ。ちょうどいい具合になったら、丸めて適当なお菓子ぐらいに分ける。これを茹でるとまるで饅頭だか、餅だかわかんないものになる。これになにをつけると思う。ジャムなんか塗っちゃうんだよ。これをつぎの正月に並べといたら、お客が喜んでね、まるで、お雑煮食べてるみたいなんて。

ところがね、世の中が少し落ち着いてくると、さすがにあんまり変なものは食べなくなる。例の饅頭なんかも、それで売れなくなってきてね。それであん蜜中心になっていくわけです。でも、素人の商売だから、もう駄目で、お客が減っちゃって。

ヤミ市地下活動へ

こうした品物の仕入れについては、戦前のテキ屋の慣習そのままに、「組」でかつぎ屋ないしは産地から一括購入し、これを出店者に転売するやり方と、出店者がかつぎ屋から、ないしは自分の手で仕入れてくるものとの二つの仕入れ方法が入り交じっていた。名古屋、大阪と東京の間を往復するかつぎ屋を専門にする者もあった。一九四六年には、すでに都内の戦前からの雑貨製造業者や卸売も復活していたから、日本橋の横山町、馬喰《ばくろ》町、両国、浅草の浅草橋、柳橋、蔵前などでは、文房具、帽子、鞄、袋物、化粧品、玩具が求められたし、浅草の花川戸、雷門の下駄、聖天町、吉野町の靴なども重要な供給源になっていた（『戦後社会の実態分析』）。出店者とかつぎ屋との直接交渉によって売買が成立するのはごく小規模な取引だったが、出店者が継続的に商売している場合は、両者の間で特定の関係が持続的に結ばれていたものも少なくなかった。これに比べれば、「組」組織がかつぎ屋から商品を買い上げる場合は、かなり大規模な取引もあり、かつぎ屋も集団をなして専業的に仕入れ活動をやっていた場合もある。

さて、一九四六年二月、インフレ対策として金融緊急措置令が施行され、三月には旧円の流通が停止されて、物価騰貴は収まるかにみえ、同三月には物価統制令が公布されて、生鮮食料品も統制下に入ることになると、この時期を境にヤミ市に対する取締りが突然強硬に進められるようになった。

来月から闇市御法度　内務省全国に通達　……主要食糧とその加工製品……のほか各地方長官が指定する物資を販売するものは厳重に取締り、これらの物資が闇市から姿を消すまで取締も続ける

（「朝日新聞」一九四六年七月二八日）

という強圧のもとで、新橋、渋谷などのヤミ市一時閉鎖が続くことになった。これに対応して、「組」組織側も、物資の新しい流通ルートを模索しはじめ、

新宿の尾津親分が中心となり、都庁・警視庁と交渉し、鮮魚販売の許可を受け、五月はじめから銚子・伊東漁場より直接に、日に三千五百貫から四千貫の魚の入荷を得るに至つた……

（『戦後社会の実態分析』）

というような産地直送型の試みもあったが、これは「組」組織の性格上、長続きしなかった。そして、翌一九四七年六月からは、東京都内の料飲店営業が全面的に禁止され、七月に

は、あいつぐ取締りに追い込まれた「組」組織が一斉に解散することになった。かくて、これ以後、都市計画にしたがって取り壊されはじめる一九五〇年前後まで、東京のヤミ市は文字通り闇に潜ってしまい、その性格が大きく変化するに至る。それは、ヤミ市の業者たちが、それまでの素人ぶりを抜け出し、マーケット商人として活動することになる時期であった。以後は、次第に商社系の本格的な流通ルートが形成されていき、プロのブローカーが活躍しはじめるのである。

ヤミのプロ商人

すでに、一九四七年二月から三月にかけては、旧財閥関連の物産会社のなかに無登記の小規模企業設立の動きがみられていた。これらの目的は、「⑴脱税、⑵親会社たる物産会社の商品を大会社の消費組合・闇商事会社・特定のマーケットえ販売、⑶解体さるべき物産会社の横の連絡、等のため……」(『戦後社会の実態分析』)であったという。こうした裏の準備が進むなか、一九四七年一一月には三井物産、三菱商事両社が解散しているが、この時期、解体された物産会社を母体とし、分野別に細分された無数の商事会社が出現している。そして、それがつぎの時期のヤミルートを形成しはじめるのである。

他方、海外からの復員や引揚げは、一九四六年までにその大部分を完了している。このなかには、元の財閥系諸会社社員も含まれており、それらが右に挙げた小規模な商事会社に拠って、本格的な流通経路の再編成が試みられることになるのである。ただ、このことについてはまだ十分な資料がなく、その過程については詳細に述べることができない。
こんな時期に、素人の商人がヤミ市商人として立っていけなくなるのは当然である。かくてヤミ市には本物の寿司屋が登場し、本物の小間物屋が登場しはじめるのである。

最近すさまじいところでは二百軒ちかくもの……カストリはもちろん、スシ、ソバにいたるまで、食管法、七・七政令どこ吹く風かと並べ立て、キレイなネエさんまでが金キリ声をしぼつてまつぴるまから客を呼んでいるところあり、その横丁一帯たのもしげな青年達がさり気なく見張りに立ち、クイ逃げ、ケンカから、手入れの警戒までおさ〳〵おこたりない
（「朝日新聞」一九四八年六月五日）

ヤミ市を生き抜く

この時代、ヤミ市のなかでももっとも厳しい生活を強いられた者は、身体障害者、軍人遺族や戦災で働き手を失った者の遺族たちである。一九四五年九月に都内で壕舎・仮小屋生活をしていた者は三一万人といわれる。
身体障害者のなかには、いわゆる傷痍軍人があった。手足を失った人びとがヤミ市の角に立ち、簡単な楽器を手に物乞いをする姿は、敗戦を象徴する観があったが、後にはこれを逆

手に取る商売が生まれ、贋者が横行したりもした。

ヤミ市の一角は、売春宿であった。戦後、身を売る以外に生きる手立てのなかった女性たちが辿った道についてはさまざまな報告があるが、一九四七年ごろの全国六大都市には、合計四万人からのこうした女性がいたという。一九四七年四月には、ＮＨＫの藤倉アナが有楽町のガード下で、隠しマイクを使って収録したかのじょたちの生の声がラジオで放送され、大きな反響を呼んだ。

……彼女はボクを赤新聞のブン屋（記者）と思ったのか、歯切れのいい江戸弁でテキパキと答えてくれた。

「……戦災で身寄りもなく職もないワタシたちはどうして生きていけばいいの……好きでサ、こんな商売をしている人なんて何人もいないのヨ……それなのに、苦労してカタギになって職を見つけたって、世間の人は、アイツはパン助だったって、うしろ指をさすじゃないの。ワタシは今までに何人も、ここの娘たちをカタギにして世間に送り出してやったわヨ、それが……みんな（涙声になる）いじめられ追い立てられて、またこのガード下に戻ってくるじゃないの……世間なんて、いいかげん、ワタシたちを馬鹿にしてるわヨ……」

ガード下の暗がりで、お時さんは、ボクのレインコートの袖口にマイクがかくされているとは知らないから、日頃のウップンをブチまけて冷たい世の人々に散々に毒づいた。

ブン屋にしてはおとなしいボクの態度に、だんだんと警戒心を解いたお時さんは、しまいには彼女自身の不幸な身上話までしてくれた。

夜もスッカリ更けて終電車が出る頃、この画期的な「ガード下」の街頭録音は終った。

（『「文藝春秋」にみる昭和史　第二巻』文藝春秋、一九八八年）

そして、戦災孤児がいた。かれらはヤミ市を歩き回って、かっぱらい、モク拾いで稼ぎ、マーケットの店で、共同井戸や共同水道からバケツで水を汲んで小銭を貰っていた。

新橋駅で一三二八円の大金をポケットに入れていた浮浪児がいる。三、四人が組になって、ヤミ市の売上金をかっぱらったものだという（「朝日新聞」一九四六年八月一三日）。四七年、「東京都内で収容した浮浪者は一万一〇一五人、徘徊浮浪者三七〇〇人が蟻の街（隅田）・葵部落（上野）、自由学校村（お茶の水）などに集団定着」（『昭和家庭史年表』）している。

一九四七年の記録だが、一時間に拾える煙草の吸殻は三〇から四〇、これで巻き煙草一〇本ができた。洋モク（アメリカ煙草）なら四五円、和モク（日本煙草）なら一二円で売れた。国家公務員の給与ベースが一八〇〇円という時代のことである。

ヤミ市の露店やマーケットには、こうした人びとが、昼と夜を分けて入り込み、稼ぎ、泣き笑いを繰り返して生きていた。ところで、このような街にはお互いの付き合いや仲間の結びつきはあったのだろうか。当時の人びとと話をしていて気づくのは、隣近所の人の顔もなかなか思い出せないことである。隣の店は何屋だったかもはっきりしないことが多い。五〇年前のことだから、といえばそれまでだが、それにしても強烈な人生のひとこまである。そんなに簡単に記憶のなかから消えてしまうものだろうか。

一つには、出店者が目まぐるしく変わったという事情がある。とくに、青空市場にはじまる初期の露店には、一日限りで店を広げたものも少なくないから、これは論外である。そうでなくとも、マーケットの権利でさえつぎつぎと転売され、出店者は猫の目のようにくるくる変わっていた。また、それぞれの商売も、落ち着いていなかった。せっかくはじめた食い物屋は、一年もたたないうちに新手の商売に席巻されてしまう。口に入れれば売れたのは一時のこと、材料の質が上がり、客の好みがどんどん高級になっていくのである。当然のように、商売替えが頻繁に起こる。そればかりではない。ついこの間までの人気商品が突然溢れるように出てきて、全然売れなくなることも少なくない。

こうして、すべては走馬灯のように駆け抜けていったのである。しかし、だからといって、同じマーケットの出店者同士、なんの繋がりもなかったといえば、それは間違いである。その繋がりは、互いが特定の「組」組織のつくった縄張りのなかで生活している商人同土だということでできていた。

ヤミ市を管理するテキ屋のシステムは、あくまで出店者を一時的に保護し、同時にその日その日で日銭をかせぐという方式で、土地に長く住み着くための配慮などは一切ない。だから、出店者のほうも、一方では「組」の若者の横暴に辟易しながらも、他方では日々縄張りの外から加えられる暴力や警察の手入れに対する保護を「組」に期待するとともに、その範囲のなかで、互いの生活を共同して守っていかなければならなかった。縄張りのなかで暴力沙汰がおこれば、頼りになるのは警察ではなく、「組」の若者である。手入れの情報をあらかじめキャッチして、マーケットの店々に知らせて歩くのも、「組」の仕事である。ヤミの価格に敏感に反応するには互いの協力が要るし、悪質なかつぎ屋を締め出すためにも、互いの情報が必要だった。

共同の要は「組」にあり、共同の敵は警察であった。そして、昨日の仲間は明日は見知らぬ人になってしまう淡い繋がりでありながら、同時に、その結びつきは全生活をかけたおそろしく厳しいものでもあった。こうした経験を持つかつてのヤミ市生活者たちは、けっしてそれをヤミ市とはいわない。それはあくまで生業の場としての「マーケット」だったと、誇り高くいうのである。それはまさに、戦後の貧窮のなかで、ヤミの豊饒を実現した人びとの実感だったに相違ない。

第四章　ヤミ市料理のレシピ

「国際的なメニュー」の登場――配給では食べられない時代

この時代の人びとは、とにかく飢えていた。四六時中、食い物のことが頭を離れなかったといっても嘘ではない。その証拠を数字で示してみよう。

一九四七年一〇月に警視庁が都内主要七業界の職員工員について行なった調査では、平均の月収が三五〇〇円なのに、赤字の平均が一五八〇円もある（「朝日新聞」一九四七年一一月六日）。なんでこんなに赤字が出たのかというと、政府が管理している食料の配給だけでは、飯が食べられないからである。

現米穀年度、すなわち昨年十一月一日から本年十月三十一日に至るところのこの二十二年米穀年度において、日本政府は国民に対して二十八日間約一ケ月間の遅配を生ぜざるを得ないのである　（「朝日新聞」一九四七年七月三日、平野農相参議院答弁）

と、一国の農林大臣が、公の場で堂々と答弁している時代である。「計画遅配」という新語が飛び出しても、これではだれも驚かない。そして、配給を基礎に成り立っている生活で、一ヵ月の間主食が手に入らないということは、餓死せよというのと等しい。

アメリカでは飼料に使われていたトウモロコシ粉が、日本人の主食に化けて配給されたのもこのころのことである。面白いことに、どうした加減か一九四八年にはエジプトから多少だが米が入ってきている。当時は、外米といっても、このようなみたこともない産地の米までが、占領下の流通ルートで輸入されてきたのである。中国産の米五五〇〇トンが日本の自力ではじめて輸入されたのは、一九五四年六月のことだった。そして、日本政府がようやくアメリカからの余剰農産物受入れを辞退したのは、一九五七年であった。

輸入の米というと、われわれも一九九四年の米騒動で米のない生活の深刻さをちょっぴり味わった。しかしこのときは、米がなければパンを食えば、事足りた。「パンがなければお菓子を食べればいいのに」という程度の話だったのである。

ところがこのころの政府はなんと、このマリー・アントワネットの言葉を地でいったのだから、恐れ入る。米がないから仕方がないというわけで、備蓄用のカンパンを放出したのはまだしも、街の人たちが、主食の配給だといわれ、喜んで受けとった袋を開けたら、砂糖だったという地域もある。缶詰のミルクで代替したところもある。赤ん坊ではあるまいし、砂糖湯やコンデンス・ミルクで腹がふくれるわけがない。

こうなると、高かろうが、違法だろうが、ヤミがなくては生きていかれない。事実、取締りに当たるはずの警察の調査でさえ、配給以外の食物に二八〇〇円もの支出があったと報告している。配給物を加えると、食い物だけで軽く給料が飛んでしまう勘定になる。これでは赤字も出るはずで、エンゲル係数が高いなどという段ではないのである。弁当を持たないで学校へくる子供がぞろぞろいた。サラリーマンは、買い出しにでかけない日曜には、家でぼうっとしていてもよけい食い物の妄想にとりつかれるというので、用もないのに出勤し、書類をひっくり返して気をまぎらわせていた。

こういう時世だから、ヤミ市のなかでも、最大の関心を集めていたのは食べ物であった。なかでも、レストランとバーとはその花形であった。当時の言葉に直せば、食い物屋と呑み屋である。

実は、いまから振り返ると、戦後日本人の国際的ともいえる食生活は、この当時のヤミ市に端を発している。それまでの日本人の食事といったら、飯に味噌汁にタクアンというセットでできあがっており、せいぜい焼き魚か煮物がついているのが定番だった。酒にしたところで、おおかたが日本酒で、それが買えなければ焼酎と相場が決まっていた。

ところが、戦後のヤミ市には、これまで日本人が口にしたこともない国際的なメニューが登場し、東京人の食生活は、一挙に広がった。ヨーロッパ風あり、韓国風あり、中国東北部の献立ありで、こんなものが飢えた腹に収まりはじめて一、二年もたつと、どこの国の料理か、まったく得体の知れない食べ物がつぎつぎと登場しても、ヤミ市の胃袋はもうまったく驚かなくなっていた。それらの不思議なヤミ市レシピのいくつかをつぎに紹介することにしよう。

洋食編

まずはフランス「風」のヤミ市料理を一つ。

ひどく熱い、ドロドロした濃汁である。五百助は猫舌だから、すぐには食べられず、中味を掻き廻してると、豚の肉塊らしきもの、明らかなコン・ビーフ、鶏骨、ジャガ芋、人参、セロリの根等が、サジにかかってくる。材料としては、戦前の安洋食のシチュウより、ずっと上等である。それに肉の分量が、すこぶる多い。その他、缶詰品らしいトーモロコシの粒、グリーン・ピース、銀紙のハリついた欠けチーズ、マッシュルームらしきキノコまで入ってるのだから、いよいよシャレてる。少し解せないのは、小豆みたいなものと、ウドンの切れッ端しが、混入してることである。もっと不思議なのは、赤丸印西洋煙草の包紙の断片らしきものが、泳いでることであった。

（獅子文六『自由学校』）

作中では、国電神田駅近くのヤミ市でのことらしいが、この手のものは方々のヤミ市で供されていた。

（横浜の）街に占領軍がやってきた。早速、占領軍の食堂から出る残り物を集め、焼け跡にドラム缶をおき、煮立てて「栄養スープ」と名付けてどんぶり一杯五円で売り出す商売が始まった。人々はそれに群がった。私も一回食べた。それは名状しがたい味だったが、久しぶりの油っこさにおいしく感じたものだった。

（「朝日新聞」声欄、一九九四年九月二五日）

銀座の高級レストランでは、これが高級フランス料理として出されていたという話もあるが、いまとなっては、事実かどうか確かめようもない（大塚力『食の近代史』教育社、一九七九年）。

さて、この高級フランス料理の正体だが、

一サジ含んでみると、ネットリと甘く、油濃く、動物性のシルコのようで、なんともいえぬ、腹の張る味だった。（中略）しかし、とにかく、爺さんのいうとおり、栄養価の高い食物には、ちがいなかった。そして、戦前には絶対になかった、実質的で、体裁をかまわぬ料理であることも確かだった。

（『自由学校』）

それもそのはず、これはアメリカ占領軍の食堂からでた残飯のごった煮なのである。材料は、英語で「ギャベッジ」すなわち台所のごみと呼ぶもので、もとの形はボサボサした塊になっていた。当時は、普通のルートでは手に入らない貴重品である。新宿では、これを大袋からそのままかまわずどさっと大鍋にあける。つぎに水を加えて火にかけ、中火でほどよく煮込み、最後に塩を加えてかき回せば、できあがりである。まさに手抜き料理の逸品であるが、毎日できあがるのを待って、あっというまに売り切れたという。

ところでこの食材であるが、新宿の場合、出所は「伊勢丹」である。当時「伊勢丹」は、一九四五年の一〇月から、三階以上を占領軍総司令部に接収されており、本館のほか、事務館もクラブとして使われていた（『伊勢丹百年史』一九九〇年）。これに目をつけたある男が、ここの食堂からでたギャベッジを貰い受けて、使ったのである。「伊勢丹」から東口和田組マーケットのその店まで持ってくる荷運びがいて、毎朝、大袋で担いできたものだという。

だから、なんでも入っているはずである。こういう食材を、元の形がなくなるまで煮込み、椀に盛って出すのが、正統な調理法なのである。

この類いのものとしては、カレー、ギャベッジのつけ合わせなどがある。どちらも材料は先のシチューと同じもので、ちがうのは、カレーとはカレーの汁を蒸したギャベッジにかけたもの、ギャベッジのつけ合わせとはギャベッジが蒸しパンのつけ合わせに化けたものといううちがいだけである。後者については、「新宿調査」でT・Y氏が説明をしているので、それを拝借しておく。

うどん粉は、そのままパンに焼いて売ると統制にひっかかるので、団子に使うような草を入れて着色して、焼くとばれるので（電気）パン焼き機でふかした。それを皿に、二、三切れ盛って、ギャベッジもふかして、つけて売った。（「新宿報告書」）

「伊勢丹」の事務館は一九五〇年に接収を解除された。本館が返還されたのは一九五三年である。したがって、この珍妙な商売も、新宿ではこれを機に終りを告げたわけだが、日本人もこの頃になると、さすがにこんなものばかり食ってはいなかった。ちなみに、現代日本の台所から出るギャベッジの三七・五％は食べ残しだというし（高月紘教授分析）、一説では学校給食の一五分の一がそっくりギャベッジになっているという。

西洋料理としてはこのほかに、禁制品といっても牛・豚肉でなく、さりとて魚でもなく、比較的安価だった鯨肉を焼いて食わせる店が、東口和田組マーケットの線路側にあって、これもなかなかの評判であった。

串カツは西洋料理に入るのだろうか。大部分は葱で、わずかばかり肉のへばりついた串を、大袈裟な衣で覆ったのがそれである。これに一九四八年から大流行になったソースをたっぷりかけて立ち食いするのが、当時の楽しみであった。中身の肉もその頃までは、まったく何が使われていたか、わからない。馬、兎、犬などがかなり出回っていたという話もあるが、これはいまだにヤミの中である。

韓国・朝鮮料理編

ヤミ市でもっとも目新しい食べ物の一つは、在日韓国・朝鮮の人びとがつくりだした料理であった。これを肉料理といってよいかどうかわからないが、間違いなく動物料理である。動物といっても、ヤミ市のバラックに肩やロースの肉が出てくるわけがない。現代ではすっかり日本化してしまったモツである。

断っておくが、日本の民衆は、第二次世界大戦前まで、動物の肉を食卓に載せることがほとんどなかった。大正時代の都市中流家庭では、家計簿の中に肉という字が出てくる例すらほとんどない。昭和に入っても、肉といえば、子供の三色弁当の中で炒り卵やでんぶと陣地を分けていた挽き肉か、（カレーライスではなく）ライスカレーのなかに潜ってジャガイモやニンジンと同居していた細切れ、それに肉屋から買ってくる揚げたてのコロッケに申し訳のように入っている豚肉だった。すき焼きなどというものは、年に何度かの大盤振る舞いか、珍客到来の晩にしかお目にかかれるものではなかった。

それでも、戦前の日本人は安くてうまい動物の臓物を口にしようとはしなかった。もっとも、戦時中の食料難がはじまって以来、日本の都市民が敗戦の日まで手を出さなかった食材といえば、臓物以外にもいくつかないわけではない。ドングリがその一つである。地方では、とうの昔から救荒食品として利用してきたドングリを、東京では食うと口が利けなくなると嫌ったのである。しかし『東京百年史』第六巻によると、敗戦直後に、政府は「ドングリの粉を食用にせよ」と呼びかけたことがある。一九四五年一〇月八日、農林次官から都道府県知事あてに「未利用資源による粉食の推進に関する措置要項」が指示されているが、この中にあげられている未利用資源には、甘藷茎葉粉、桑残葉粉、雑海藻粉、大根葉粉、蜜柑皮粉、澱粉粕、よもぎ、ぶどう種、南瓜種子、南瓜茎葉、さなぎ粉、茶屑などと並んで、団栗粉がある。つまりドングリを製粉して食えというのである。それでも、ドングリは都会の食べ物としては普及しなかった。

また、スペイン料理のパエリャには必ず入っているザリガニも、エビとカニのハーフだというだけで、なにゆえか、当時の日本人がどうしても受け付けなかったものの一つである。しかるに、ドングリやザリガニと同列で、とことん嫌われてきた臓物が、忽然と戦後のヤミ市に登場したのである。その経緯については第八章で述べるが、とにかく、このモツ焼きとモツの煮込み、当時の新語ではホルモンといった。うまい命名である。聞いただけで、栄養失調になりかけの体に精気がみなぎってきそうな気がする。そしてまた、材料が禁制品でなく、手軽にできてうまいとあって、たちまち空腹な日本人の胃袋を刺激した。動物の内臓など食えるかと威張った昔はどこへやら、肩章を外した元軍人が、ホルモンを肴にドブロクを呑むさまは、敗戦後の東京の象徴ともいうべき姿であった。

食材の出所はいうまでもなく屠場。牛の方が高いが、豚の臓物も捨てたものではない。それを豪快に焼く。朝鮮半島出身の人びとがつくった料理とあって、唐辛子は付き物であるが、日本人向けに、ちゃんと辛さは抑えていた。

和食編

なんといっても当時のバラック・レストランの王座にあったのは日本食である。ちょっと挙げただけで、寿司屋、焼き鳥屋、貝焼き屋、おでん屋、てんぷら屋、雑炊屋、餅屋。主食としては、蒸しパン、飯、サツマイモ、そば・うどん、餅などが、どこのヤミ市にもあった。もちろん、そのほとんどが禁制品だからヤミといわれるわけで、値も高いが中身も豊富で種類が多い。そして、摘発も多い。これはまだ初期の話だが、

警視庁は一月二十三日から、五日間主食街頭販売の一斉取締を断行した
検挙件数二千四十六件、二千六十名、……押収した物資は米麦のほか餅千二百五十二
個、饅頭六百三十五個、にぎり九十八個、寿司四百六十八皿、うどん百二十八束、食パ

ン百四十二個、大福千七百三十六個、その他菓子どら焼、煎餅、ドーナツ、今川焼等多数に及んだ

（「朝日新聞」一九四六年二月六日）

というのだが、こんな大量の差押えをした警察は、一体どんな処分をしたのであろう。それにしても、「寿司四百六十八皿」が警察に並ぶ様子は、考えても滑稽である。

もっとも、高等師範の学生星野朗が一九四七年六月に発表した調査では、池袋の場合、東口ヤミ市の店舗約二八〇軒のうち、呑み屋や甘味屋を除く食べ物屋は、わずか二〇軒しかない。圧倒的に多いのは、やはり呑み屋の一二三軒。甘味屋も一六軒しかない（星野朗・松平誠「池袋『やみ市』の実態」『応用社会学研究』二五号、一九八四年）。

そのほかの地域では、このような詳細なデータはないのだが、聞き取りによると、新橋のように都心部のヤミ市では呑み屋とならんでかなり食べ物屋が多く、周辺へいくにつれて衣料、雑貨や食品が多かったという。上野や神田がその代表的な例で、現在もアメ横や秋葉原にその名残を止めている。池袋は、その点渋谷に似て、呑み屋中心のヤミ市だったということができる。また新宿東口は、これらのすべてが揃ってそれぞれのシマをつくっていた、特異な大ヤミ市の所在地であった。とくに、東口の和田組が経営していたエリアには、いろいろな食べ物屋があって活気があった。

さて、その新宿和田組マーケットでは、第二章に述べたように、北半分が飲食店中心、南

側半分が売春宿中心の構成になっていた。このうち、北側には四筋のバラックがあり、なかを三本のどろんこ道が通っていた（四四ページの地図参照）。このバラック群がまた、筋ごとに日本人の筋と台湾、韓国・朝鮮の人たちの筋とではっきり区分けされていた。当時の占領下ではもちろん、物価統制の圧力は日本人の方に強くかかってくる。真っ先に取締りの対象にされるのは、日本人の筋であった。だから、同じ食べ物屋といっても、日本人の店では、表向きの材料には禁制品を使えない。表へ出しておくこともできない。その点、台湾、韓国・朝鮮の人たちの方は、それほど摘発が厳しくないから、禁制品が並ぶ。

一九四七年ごろをとってみると、当時食べ物のなかで禁制品でないものはほとんどない。わずかに、一九四七年一〇月から雑品として公定価格を外されたものに、果物、からし粉、わさび粉、トマトソース、トマトジュース、トマトケチャップ、こんにゃく、海苔、マヨネーズがあるばかりで、その後統制を解かれたものを列挙してみても、鶏肉（一九四八年一〇月）、鰹節（一九四八年一一月）、鶏卵（一九四九年六月）、牛肉・豚肉（一九四九年六月）という具合で、穀類、肉類、魚、野菜、果物と、あらゆる食べ物が政府の手で一括して統制されていた。

米をはじめとする主食類は、とくに厳重な禁制の下にあった。露天の屋台で餅を売るのなら、それ手入れだといえば、すぐに荷をまとめてさっと逃げ去ることもできる。しかし、マーケットで禁制品を出している場合は、それほどに小回りが利かない。そこで、業者の側でも、頭をひねって新たな食べ物を考え出す。たとえば、寿司がそれである。「新宿調査」での聞き取りには、つぎのような一節がある。

……日劇裏の寿司屋横町のことを聞いて、見にいって、おから寿司でうまい所があったんで、自分もやろうと思いました。一九四八年ですかね。……米の代わりにおからを使って、トロの代わりがベーコンで、卵焼きの代わりにタクワンで、具に青野菜とか、かんぴょうの海苔巻きをつけて、一皿五個くらいで一〇円でした。（「新宿報告書」）

ここでいうベーコンとは、間違いなく鯨のベーコンである。魚のごとくして獣という鯨も、禁制品の一つとして取り扱われ、この寿司屋はおから寿司の鯨のせいで何度も警察へ連行されている。それでも、当時はこのベーコンの載ったおから寿司が有卦《うけ》にいって、たいへん商売になったという。五個一〇円というこの寿司がどっと売れて、主人は笑いが止まらなかったという。なお、この話には尾鰭があって、客のほうは笑いではなく、しゃっくりが止まらなくなって困ったという。おからをむやみに食うと、喉に引っかかる。そこでしゃっくりが出る。近所の共同井戸へは、こういう客がひっきりなしに行き来したものだという。

米の飯の寿司をおおっぴらに食えるようになったのは、一九五〇年四月以降のことである。この月に水産物統制が全面的に撤廃されてからは、寿司屋で寿司が出せるようになっ

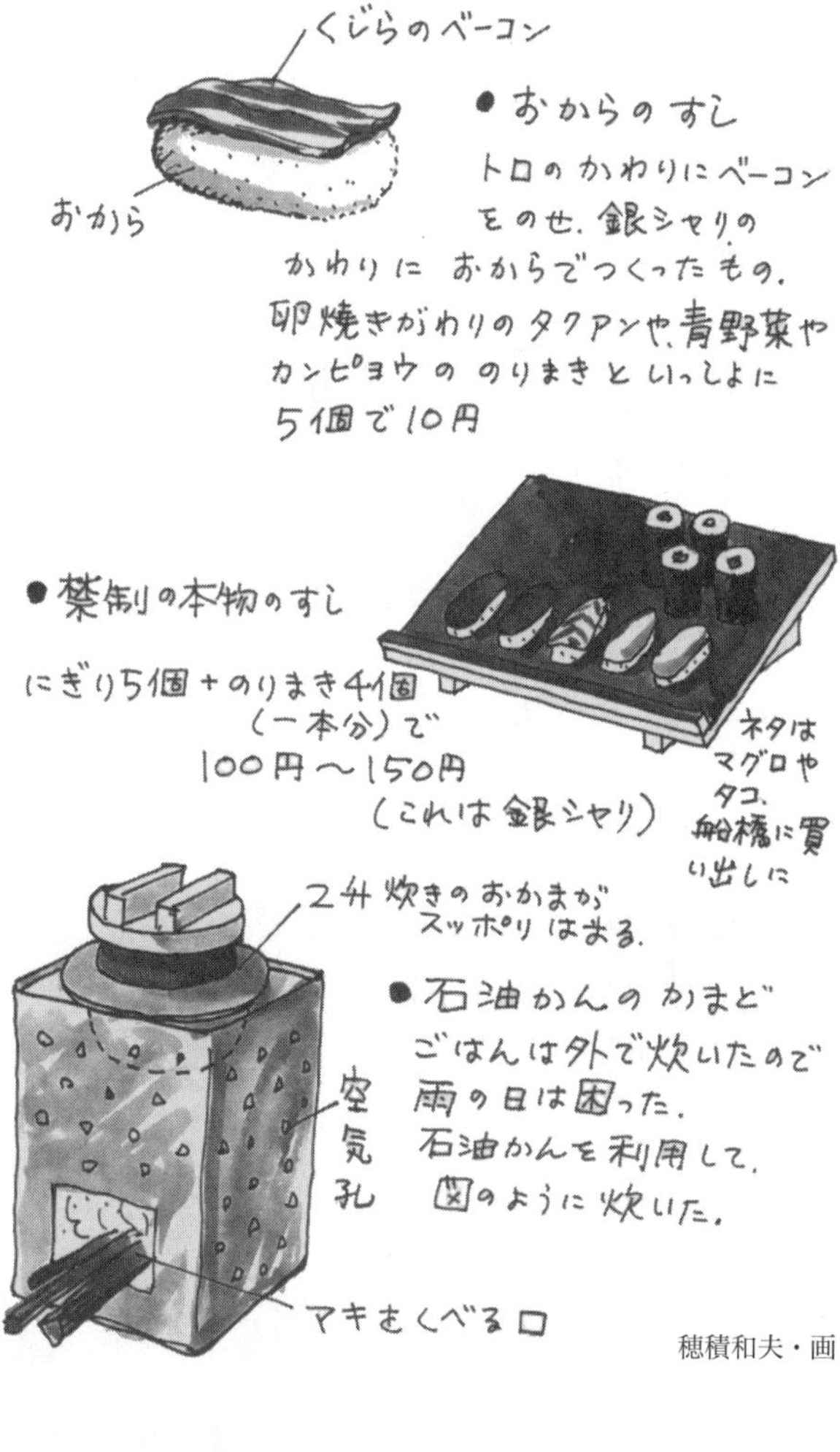
くじらのベーコン
おから
●おからのすし
トロのかわりにベーコンをのせ、銀シャリのかわりに おからでつくったもの。
卵焼きがわりのタクアンや、青野菜やカンピョウの のりまきといっしょに
5個で10円
●禁制の本物のすし
にぎり5個＋のりまき4個
（一本分）で
100円〜150円
（これは銀シャリ）
ネタはマグロやタコ、船橋に買い出しに
2升炊きのおかまがスッポリはまる。
●石油かんのかまど
ごはんは外で炊いたので雨の日は困った。
石油かんを利用して、図のように炊いた。
空気孔
マキをくべる口

穂積和夫・画

た。

統制下、配給の米のやりくりのなかで、全国的に広まったのは意外なことに「握りずし」の普及ということです。すしに関しては米の委託加工制度が広まり、米一合持参すると、巻きずし三切れと握りずし五個の盛り合わせと交換し、加工賃を払いました。これが現在の盛り合わせのすしのパターンで、たねも充分揃っていませんでしたが、それでもこれが全国的に普及して、地方でも「握り」がさかんになり、同時に郷土ずし、しいていえば大阪風の押しずし系統の力が衰えていく原因になったのです。

（奥村彪生「戦後の食の変遷」『昭和の食』ドメス出版、一九八九年）

というが、当初の加工賃は六〇～七〇円であった。それにしても、この通りならば、戦後ヤミ市も多少握り寿司文化に貢献したことになるのだろうか。

もちろん、それ以前は全部おから寿司だったというわけではない。店を閉めて、なじみ客だけに本物の寿司を提供していたのが、普通の商売だった。黒地の板に下駄を履かせたのへ、握りを五つ載せ、海苔巻一本を四つに切って添え、一人前で、一九四八年当時一〇〇円から一五〇円だったという。このほか、台湾、韓国・朝鮮の人たちは堂々と米の寿司を提供していたから、日本人のなかでもその名義を借りて禁制の寿司を握っていた者が少なくない。

焼き鳥も、当時の代表的なヤミ市の食べ物であった。焼き鳥といっても、鶏や雀に出くわすことはまずない。ほとんどすべてが焼きトンである。現在と同じく種類はシロ、ハツ、レバー、ナンコツが主流で、たいていの店では親父が焼き、おかみさんがサービスに回っていた。一九四八年ごろまでは、酒の肴といっても、呑み屋には乾物、ピーナツ、漬物くらいしかなかった。こうした店の女たちが、客の注文を受けて焼き鳥屋へ買いに行き、上前をはねて客に提供するというのが、当時のやり方だった。だから焼き鳥屋のあがりには、近所の呑み屋の出前で儲けていた分が少なくない。

こうした点ではおでん屋や、貝や魚を焼いて食べさせていた店も同じようなものである。東京のヤミ市では、海産物の出所はほとんどが千葉、それも手近な船橋が喜ばれていた。ここから出るヤミの海産物のなかに混じって、蛤《はまぐり》や帆立て貝などがヤミ市に紛れこみ、貝焼きになったのである。

手軽なところでは、蒸《ふか》したサツマイモがある。とくに池袋はサツマイモの産地を控えていたから、東上線を使って大量の芋が東京中のヤミ市に持ち込まれ、蒸し芋に化けた。これが日本料理かどうかは別にして、手頃な満腹感をもたらすというので、初期のヤミ市ではよく売れた。

うどん・そばは、もちろん禁制の品である。初期の頃は、こうした禁制品に代わって、海藻麵と名付ける不思議な食べ物が流行っていた。これは戦時中の代用食として開発された食品で、その名の通り、海藻の粉末を土台にしてつくった麵である。禁制品を使っていないから禁止されることもないが、その代わり、当座の腹はふさげても、後になるとたちまち空腹感が戻るという代物である。それでも、代用醬油、つまりアミノ酸でつくった醬油まがいが早くから出回っていたから、海藻麵とアミノ酸醬油という組み合わせのうどんもどきがヤミ市に登場してきたのである。

同様なものには、コンニャクの粉の滓に脱脂大豆と雑穀粉をまぜた代用蕎麦もあって、都蕎麦業統制組合ではこれを一日一万六〇〇〇食、三ヵ月も売り続けている(「朝日新聞」一九四六年五月七日)。またこの他、雑炊は洋食編で紹介したシチューの日本版である。材料は同じく米軍の残飯。調理の過程が日本風にアレンジされているのが特色である。

中華料理編

ここでは、何をさて措いても焼きそばを落とすわけにはいかない。一九四七、四八年で一皿三〇円位、これもヤミ市のたいへんな人気者であった。

焼きそばは、支那そば、ワンタンとともに戦前からいちばん親しまれてきた日本の中華料理である。東京の山の手にさえ、場所によっては赤い丸提灯を看板に出した支那そば、ワンタンの店があり、焼きそばを注文することができた。現在では、支那そばはラーメンと名を変え、ワンタンは人気メニューから滑り落ちたが、焼きそばだけは中身も名前もそのままで、ラーメン屋の品書きの定番になっている。

ただし、ヤミ市の焼きそばは、ちょっと勝手が違う。ここでは、池袋の東口ヤミ市で商売していた「丁字屋」の場合を紹介してみよう。

ここでの麵は、同じ池袋の日の出町にあった製造所から仕入れる。一日に九〇玉が入った箱三つである。ところが、びっくりしてはいけない。これで二七〇人前かと思いきや、なんとこれが八一〇人前の材料なのである。その秘密は後にして、食材としてはこの他にキャベツがある。これを同じ箱で、毎朝三箱半ずつ仕込む。仕込むといっても、狭い店で下拵えができるわけではない。自宅の台所でこのキャベツを刻み、ざるに入れておく。そばも、ここで蒸す。四角い蒸籠《せいろう》で蒸すのだが、一度に六〇玉しかできないから、五回転させなければ仕上がらない。最後の分が蒸し上がった頃には、最初の分はぐしゃぐしゃになっている。材料はこれで全部である。

準備が整ったところで、午前八時ごろに材料を全部背負って家を出、店まで運ぶ。これで昼ごろから店を開け、夕方には八一〇人前を売り切ってしまう。さてその料理だが、まず、一玉のそばを丁寧に三等分して、その一つをフライパンに入れる。そこへ大量のキャベツを放り込むと、全体で一人前の焼きそばに仕上がる。肉はかけらも入れてない。これを小ぶりな皿に盛って、ソースをからめる。ソースだけはちゃんとあるが、一升瓶のまま、直接ぶっかけるというシステムである。一日の売り上げのうち、原価は半分ほどだったが、売れ残った日はまったくなかったという。

後になると、店の他にもう一つ、材料の仕込み場所をマーケットの中に借りることになって、仕事がだいぶ楽になったという。

東京の人びとが戦後はじめて見た中華料理の一つに、ギョウザがある。これは、中国といっても北方のものだが、中国から復員してきた男たちや、中国東北部へ耕地を求めてでかけていった開拓団の人たちが覚えてきたものである。もちろん、本場の中国人が経営するギョウザ屋もあったが、ギョウザの味が日本に伝えられたのは、時期はやや後になるが、やはりヤミ市をもってはじめとする。当時のギョウザにちゃんと豚肉が入っていた保証はないが、それでもこれは、戦後日本にもたらされた料理の傑作の一つであった。

ドリンク編

戦後すぐのアルコール飲料といえば、すぐ思い浮かぶのがカストリとバクダンである。カストリは、本来酒粕を原料にしてつくった蒸留酒であるが、戦後は米やサツマイモなど手当たり次第の原料で、素人手作りの釜で蒸留した速成品が出回った。一九四六年の秋からのことである。

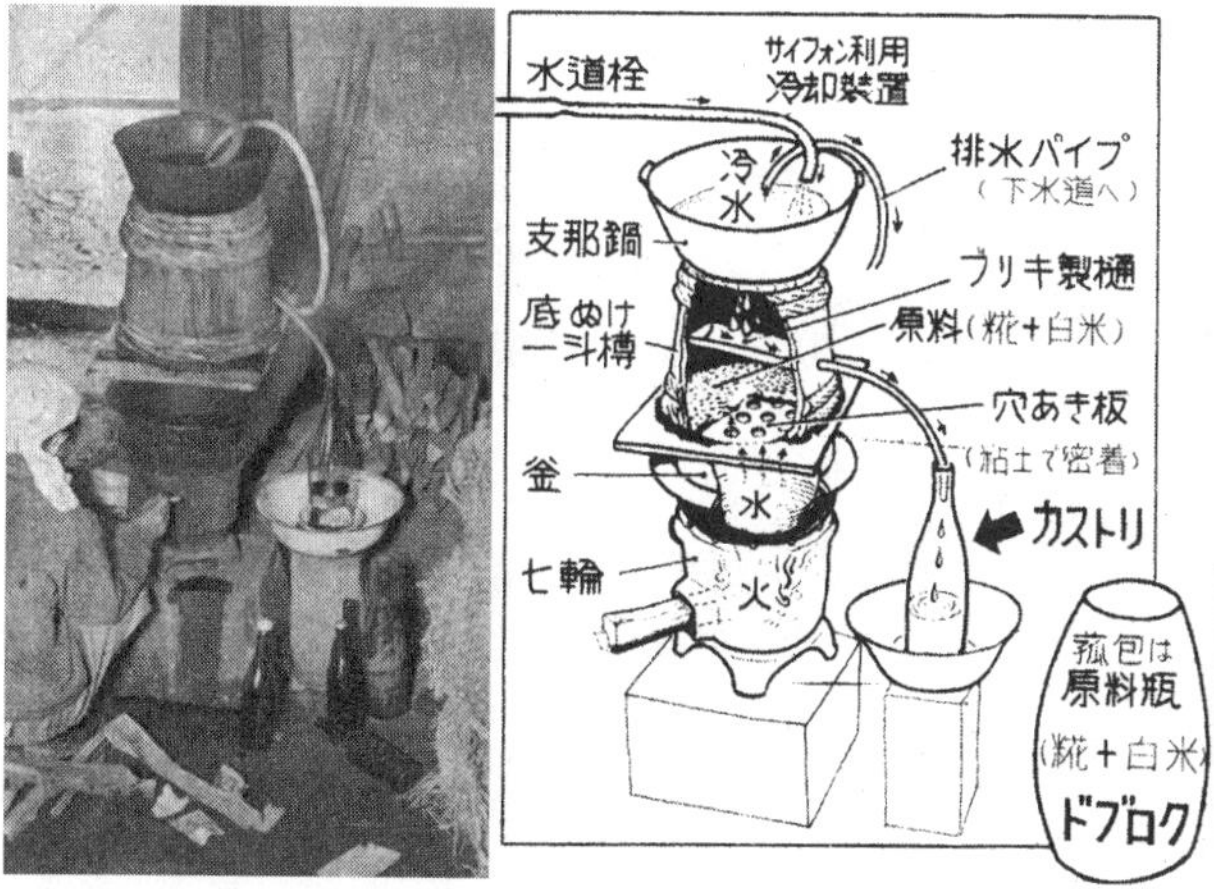

カストリのつくり方　1947年6月18日の『アサヒグラフ』に掲載。この装置1台で日に1斗（約18リットル）とれたという

　バラックの露店市。ここに一歩足を踏み入れるや鼻を衝く強い酒精の匂と共に「粕取焼酎」という色さまざまのビラが嫌というほど目にしみる。昨年の秋ごろから突如として現われたこの飲料。名前から何れは廃物利用の類かと見当をつけるもののその実体は曖昧模糊の極み。売り手も不得要領な答しかせぬ。しかしながら値段の割に利きがよいのと中毒はないというのですっかり人気が出て、……
（『アサヒグラフ』一九四七年六月一八日）

　その実体は、以下に述べる通りだが、たとえば米と麴ならば、これを七輪の上にかけた水鍋の穴開き板の上に載せ、釜をたいて蒸気を通し、上に被せた底抜け一斗樽のなかで蒸留される仕組みである。樽の上は中華鍋で、水道栓から冷水を引いて底に蒸留するアルコール分を樋に落として瓶に溜める。焚口にがんばっていれば、六〇度のカストリが一日に一斗もとれたという。こうした装置が、とくに千葉県を中心とする一帯にたくさんあった。味は米からつくると、老酒《ラオチュウ》にちょっと似ているが、アルコール度ははるかに高く、四〇度のものでも、三杯以上は呑めなかった。また、芋からつくったものを芋焼酎、略して芋酎などと呼んだが、こちらは芋の臭気が鼻を衝き、かなりの代物であった。右の記事によると、有楽町界隈には、こんなカストリを毎晩一斗ずつさばく呑み屋が三〇〇もあったという。

つぎは、バクダンである。バクダンとは、燃料用のアルコールを主体にして薄めたもので、呑んだ途端に胃が燃え上がり、破裂するほど強烈だというので、この名がついたという。おまけに、普通ガソリン用のドラム缶に詰めたものを売買していたから、ますますバクダンの印象を濃くした。当時の客は、ひたすら安い酒で短時間に酔うことを望んだし、その意味ではバクダンは世相を反映した典型的な呑み物だったといえる。

燃料用アルコールといえば、当時は工業用アルコールをひそかに転用して、バクダンやウイスキーに化けさせる悪徳漢が後を絶たなかった。

「有楽町に例をとれば、これで軒数はおよそ三百」「ナイル河畔の沃地にエジプト文明が興つたようだ」(『アサヒグラフ』1947年6月18日)

「カストリ焼酎」という密造酒には、しばしばメチルアルコールが混入されていて、そのために目が潰れたり生命を失ったりする人が続出した。身近かにも幾人かおり、文壇でいえば武田麟太郎の死因は曖昧にされていたが、じつはメチルであった。

（吉行淳之介「スルメと焼酎」林忠彦『カストリ時代』朝日文庫、一九八七年）

かくて、つぎの記事のようなことが実際に起こったのである。

このごろ立川市内を細君らしい婦人に手をひかれた……の群が足元もおぼつかなく行く姿に市民は首をかしげてゐる、これは遠く鹿児島、北海道をはじめ、全国の〝メチール……（で見えなくなった者）〟が開眼の救世主市内某病院の今井博士をしたつて集る姿である　治療法発表以来同病院を訪れた患者は二百数十名、現在入院四十名、外来三十名

（「朝日新聞」一九四六年一一月二四日）

在日韓国・朝鮮の人びとがつくったドブロク、韓国語ではマッコルリも、よく呑まれた。米粒が浮いているのを丼で呑んだ。ただ、「新宿調査」では奇妙な話がある。ある主人が川崎までカストリ焼酎を買いに行き朝鮮人から譲り受けたものが、辛かったというのである。焼酎の底に唐辛子が溜まっていたというのだが、韓国滞在経験のある筆者は、こんな酒を呑

んだことがない。ソウルにも甲類焼酎があって多くの人に愛されているが、戦争直後の在日の人びとは、なにか特別な酒を考案していたのだろうか。

このほか、ウイスキーと称する呑み物はあったが、日本人の手に入るものはほとんどがイミテーションだったといってよいだろう。

当時の税法では、(三級ウイスキーは)〝原酒が五パーセント以下、ゼロ・パーセントまで入っているもの〟と規定してあった。ゼロ・パーセントとはウイスキー原酒は一滴も入っていなくても、税金をおさめればウイスキーとして売ってよいということである。しかも原酒ゼロ・パーセントのウイスキーが大部分であり、ウイスキーとは名ばかりであった。

(竹鶴政孝『ウイスキーと私』一九七二年、非売品)

業界がやや正常に向かうのは、一九四九年、酒類自由販売がはじまり雑酒の公定価格が廃止されてからであるが、それでも、まともなウイスキーが店頭に出るようになるのはもっと後のことであった。

最後はビールである。戦時中のビールは麦酒配給統制会社によって配給されていた。それを戦後に引き継いだのが麦酒配給株式会社である。

統計によると、一九四六年度には、国産ビールのうち三分の一が占領軍に向けられていた。翌年の一九四七年度にはこれが四分の一になったが、これを単純計算すると、占領軍兵士一人当たり毎日一本ないし週に三本ということになる。これに対し、日本人向けには、この二年間に一人当たり年間一・四本が配給されていた。えらい違いである。

そのうえ、これは実に不思議な制度でもある。戦時中からの配給制度はとにかく頭割りが原則だったから、戦後になっても、上戸だろうと下戸だろうと、おかまいなしに一人当たりいくらと配給されていたのである。これでは乏しいビールが、呑まない人からヤミに回るのは当然である。

一九四七年六月からは都内の飲食店、料理屋、待合などの営業が一斉に禁止されてしまい、以後二年近くというもの解除されなかったから、業務用の酒類供給までが表向き一切停止してしまった。ビールを商売に使おうとすれば、ヤミルートで仕入れるほかなくなってしまったのである。

ところが、ここで奇妙な現象が起こった。

この暮れ、正月用の酒の特別配給は中止と決まり、左党はにがりきったが、代わって特価酒が自由販売されると知って安堵した。ところが、ビール一本一〇〇円、……配給価格で……四〇円……のものがである。

(大阪・焼跡闇市を記録する会編『大阪・焼跡闇市』夏の書房、一九七五年)

政府が闇値を基準にしたという証拠はみつかっていない。しかし、故意か偶然か、政府の決めた一〇〇円は、……（東京の闇相場）に一致している。……庶民は敬遠した。料飲店も閉鎖されたままだったので、一〇〇円ビールは市場にダブついた。とくに地方では予定の半分も捌けない有様であった。㊣ビールが、こういう始末だから、もはやヤミビールの出番はなくなった。こうして、戦中、戦後のヤミビール時代は幕を閉じた。

（麒麟麦酒編『ビールと日本人』三省堂、一九八四年）

配給制度は一九四八年三月、酒類配給公団に引き継がれたが、翌年五月になって、ようやく自由販売制度に切り替わった。ビアホールが再開されたのは、その年の六月である。半リットルで一五六円だったという。

デザート編

汁粉にあん蜜といえば、甘党の代表選手である。一杯五円からはじまったヤミ市のあん蜜は、しかし現在のものとは似て非なるものであった。寒天だけはさすがに入手できた。そこで、あるあん蜜屋では、まずこれを仕込んで切り分け、バケツ五杯ほどを用意していた。肝心なあんだが、敗戦後二年ほど経っても、サツマイモが主原料である。これを煮て着色する。甘味には芋蜜を使っていたが、これだけでは足りないので、モンサントで甘味を強くした。ギュウヒはとても手に入らないので、コンニャクを切って載せた。これではまだなんとなく寂しいので、農家からイチゴを分けてもらって載せたところ、大変な評判をよんだ。後にはわざわざ石垣イチゴを買いに行くまでになったという。これが日々二〇〇〇杯も売れたというのは、嘘のような話である。

新宿「高野」に台湾バナナが戦後はじめて入荷したのは、一九五〇年七月のことである。それ以前には、占領軍専用のバナナの規格外品が競売されたことはあるが、非常な高値であったという（新宿高野百年史編集委員会『新宿高野百年史』［一九七五年］による）。

第五章　太陽の下のヤミ市

ブティック

敗戦の直後に、ブティックなどというものができるわけがない。森英恵が新宿東口に洋裁店を開いたのは、一九五一年であった。

……昭和二六年のこと。ドレメでともに学んだ友人たちと新宿に小さな洋裁店を持った。……武蔵野館の前に不動産を持っていらした方から、そこの二階を借りて「ひよしや」を開店したのである。一階は靴屋さんだった。今からみれば木造のバラックで、階段も狭い。（森英恵『ファッション――蝶は国境をこえる』岩波書店、一九九三年）

一九四五年秋のヤミ市を歩く女性は、その大半がモンペ姿であったことは、当時の写真をみればすぐわかる。そのころヤミ市に現れた衣料品のなかで、とくに目に付いた物といえば、どこから流れてくるのか、大量の古着、日本軍の軍服、軍靴、毛布、軍隊用品、そしてまた占領軍の軍服、軍隊用品、さらに戦時中につくった落下傘の絹布があった。古着は、タケノコ生活で、身ぐるみはいで食物と交換した都市の人びとの衣料を集めたものだろう。

このころヤミ市では、衣料品を売る商売人とともに、買う商売人もいた。ちょっと見栄えのする洋服を着ている者があると、たちまち声が掛かって、「その服、買った」という歩くヤミ市商人が出没した時期もある。それほどに衣類は払底していた。占領軍の軍服の素材がよいのに改めて溜め息をつき、落下傘の絹布からは忘れていた絹の感触を思い出した人びとが少なくなかった。和服を作り直して洋風に仕立てた女性の更生服が登場し、再開したドレスメーカー女学院に定員の一〇倍もがおしかけたのは、このころのことである。

日本軍の衣料品や日用品は、たぶん軍の倉庫からどさくさに紛れて担ぎ出したものに相違ない。一九四七年一一月、検察庁は敗戦前後に起こった大阪造兵廠（兵器工場）の物資不当・不正配分問題の追及に乗り出している。


終戦直前の八月九日ごろから造兵廠の幹部たちは早くも終戦を予想していたのか、作業課の資材係が中心となつて物資の移動をはじめ繊維、鉄鋼、木材、油脂類などの重要物資が、いわゆる交付材料として民間諸工場に運ばれたが……終戦となるや中央部からの命令で大がかりな緊急放出が行われた、……その結果、重要資材が放出物件として大混乱を起しつゝ、ぞく〳〵と搬出されて行つたのである

（「朝日新聞」一九四七年一一月八日）

さらに一九四七年には、極東救済委員会（略称ララ）からの救援物資の中に入っていたギャバジンが、そのままヤミ市に現れた。ララ物資の中心は学童給食用の粉乳や脱脂粉乳だったが、

……衣類八十七万一千八百四十三ポンドとクツ十四万四千四百七十五ポンドが含まれており、これは百万の人々の用にあてることが出来る、

（「朝日新聞」一九四七年一二月三〇日）

この素材は日本人がはじめて見るものだったので、以後この生地はヤミ市を通じて、一時日本衣服の世界を席巻した。

この時期、衣料品、とくに古着のヤミ市が目だったのは、浅草である。

……武装警官隊百五十名を出動させ、……浅草公園内の露店古著《ふるぎ》市の抜討ちいつせい取締りを行つた、公園内約六百軒の古著商のうち新品を販売しているものや、査定を受けていない古著を売つている業者など百余名が検挙され、トラック七台分の品物が押収された　このドサクサに新品のクツをはきかえ、服、オーバーなど著られるだけ著込む

もの、ヤジ馬に早いとこタタキ売りしている者など大さわぎだつたが、暴力サタはなく武装警官も手持ぶさたの態、押収の新品は公定で買上げ正規ルートに乗せられる。

（「朝日新聞」一九四七年一一月二五日）

この年、一一月末、共同通信は、冬服上下一五〇〇円、夏服上下一〇〇〇円、外套一五〇〇円、靴一〇〇〇円、毛布一〇〇〇円、と伝えている。この年、国家公務員の給与ベースは一八〇〇円だった。

女性たちがファッションの世界を自分のものにしはじめるのは、一九四八年の秋からのことである。この年、日本デザイナークラブが発足し、銀座に洋裁店が復興している。そして、こうした息吹は同時にヤミ市の世界の終りを予告するものでもあった。衣料切符が正式に廃止されたのは一九五一年四月のことであった。

荒物屋

関東尾津組が最初に新宿ヤミ市の出店を募ったとき、目をつけたのは荒物であった。一九四五年八月一八日、すなわち敗戦の三日後に、尾津組が都内の主要な新聞に掲載した広告は、「転換工場主きたれ」であった。

転換工場並びに企業家に急告！　平和産業の転換は勿論、其の出来上り製品は当方自発の〝適正価格〟で大量引受けに応ず、希望者は見本及び工場原価見積書を持参至急来談あれ　淀橋区角筈一の八五四（瓜生邸跡）新宿マーケット　関東尾津組

軍需品の生産が停止し仕事がなくなって思案にくれていた工場に向かって、手持ちの材料で鍋、釜をつくって持ち込むことを提案しているのである。

尾津組では、当局と協議したうえ、この「適正価格」をつぎのように算出した。まず、製品の材料についてヤミの値段を推定し、その七〇パーセントを材料費として認定する。これに推定製造費を加え、その総額に二〇パーセントの利潤を加算したものが尾津組の仕入れ価格である。尾津組は、この価格の一・二倍を小売価格として設定したのである（猪野健治『現代親分論』現代書館、一九九四年）。こうしてまずヤミ市に現れたのは、食料品と並んで、民需転換を図る工場から出てきた日用品であった。かくて、八月二〇日に開店した新宿の尾津マーケット（新宿マーケット）の商品は、

ご飯茶碗一円二〇銭、素焼七輪四円三〇銭、下駄二円八〇銭、フライ鍋一五円、醤油樽九円、手桶九円五〇銭、ベークライト製の食器、皿、汁碗三つ組八円

（猪野健治編『東京闇市興亡史』草風社、一九七八年）

ということになったのである。

また、手持ちの鉄兜で鍋釜をつくるという加工業も登場した。

鐵兜を鍋に更生致し満す　二升炊　加工料　七円九十銭
其の他支那鍋及フライパンの御用命も承ります
　山口製作所東京出張所（此ノ先）
（平和博物館を創る会編『銀座と戦争』平和のアトリエ、一九八六年）

荒物は、最初期の露店ばかりの市場での人気商品だったのである。

渋谷三軒茶屋交叉点近くの鍋釜を売るさゝやかな露店、これは元三菱鉱業専務工学博士○○氏の店だ、昨年十一月開店したが店番の○○氏令嬢△△さんは「父が会社をやめてから別に収入の道もありませんので始めました、この店の外に卸もやつてをりますが、なれませんので」……
（「朝日新聞」一九四六年二月六日）

というような人もあった。

鉄兜は底と注ぎ口をつけてやかんに更生した（1946年9月、大阪市福島区鷺洲町の辻野製作所で）　提供：朝日新聞社

飛行機の材料になるはずのジュラルミンが匙や弁当箱となり、ジュラルミンのフライパン、アルミの茶碗や盆など、不思議なものがつぎつぎと工場から生み出され、たちまちヤミ市に現れた。もっとも、それは在庫が払底するまでの徒花《あだばな》で、その後は日用雑貨にその座をうばわれる。一九四六年七月の調査では、調査対象になった五一〇二名の東京露店商同業組合員のうち、家庭金物関係に従事しているものは、二一四名しかいない（東京露店商同業組合本部調査による。六一ページ参照）。

日用雑貨・化粧品屋

最初のヤミ市、つまり青空市場のゴザ・スノコの上で売られていたものには、食料品以外に、家庭の箪笥から出てきたわずかの焼け残りの品じながあった。

露店市場で勲章も売る、もつともむかしおえらい人で勲章を売つた人もあつたから、いまどき珍しいことでもないだらうが……

＊十九日朝数寄屋橋に近い露店のうすい敷物の上に勲八等瑞宝章に、明治廿七、八年役従軍記章、国勢調査記念章、赤十字記章などが麗々しく並べられてゐた

＊流石に少しは気がとがめるか、何れも蓋は閉ぢたまゝ、開けて見れば玩具にあらず正真正銘の勲八等、親爺に値段を問へば「日本人には売らない、進駐軍に値はつけさせて

高ければ売るつもり、いまはもうこんなものを持つてゐても仕方のない時代だから……」とすましてゐた

（「朝日新聞」一九四六年一月二〇日）

敗戦直後の時期には、このうちどんな品物が不足し、求められていたのだろうか。一九四五年九月二九日の朝日新聞は、内務省の調査によるとして、つぎのように民需不足物資をまとめている。

厨房用品―鍋、釜、包丁、バケツ、洗面器、湯沸、風呂釜、桶、陶磁器（コンロ、食器類、火鉢等）、ガラス製品、杓子、各種ポンプ
日用雑貨―マッチ、石鹼、履物類、ローソク、ちり紙、障子紙、歯ブラシ、歯磨、バリカン、カミソリ、乾電池、雨具
衣料品―布団、枕、毛布、蚊帳、肌着、靴下、足袋、寝間着、タオル、手拭、学童服、ネル、晒、縫糸
電気器具―電球、ソケット、配線具、電灯笠、電球用口金、真空管
文房具―用紙、鉛筆、インク、謄写器

そして、不足していた鍋釜が一応行き渡ると、食料品、衣類以外で、ヤミのルートを通って流れ込んできたのは、化粧品、時計、雑貨など雑多な商品であった。

先の調査をみても、五一〇二名の組合員のうち、食料関係二〇七六名に対し、日用雑貨関係は一九七五名と、この二業種が全体の八割を占めている。この傾向は翌一九四七年の七月になっても変わらず、

食料関係が四〇・七%、日用雑貨三八・七%、家庭金属物関係四・二%、工具類一・八%、皮革関係一・五%、電気機具一・七%、その他一一・四%……

（『東京闇市興亡史』）

であった。日用雑貨は、昼のヤミ市の一方の旗頭だったのである。

これらのうち、いち早く統制が解除された包丁（一九四七年一〇月）等厨房用品に比べ、化粧品や雑貨はかなり遅くまで、統制品として公定価格によって規制されていた。以下、その様子を例で示してみよう（一一八―一一九ページの表とグラフ参照）。

統制が撤廃されたのは、電球が一九四八年一〇月八日、マッチが四九年七月三〇日、塵紙が九月七日、石鹼は五〇年一二月九日になって、ようやく統制が解かれている。公定価格というものは、裏返せば、公式ルートでは簡単に買えないという証明だから、人びとはこうした日用の必需品を、食料同様に、ヤミの場所と値段とで買い入れるより方法がなかった。その値段はグラフのように、公定価格の数倍から百倍に達していたが、まだ国内の零細な業者

上野広小路のヤミ市手入れで押収された禁制品の山。ゴム靴が最も多く、ほかに石鹼、布地など。押収品は公定価格で関係統制会社に売り渡された（1946年5月30日）　提供：朝日新聞社

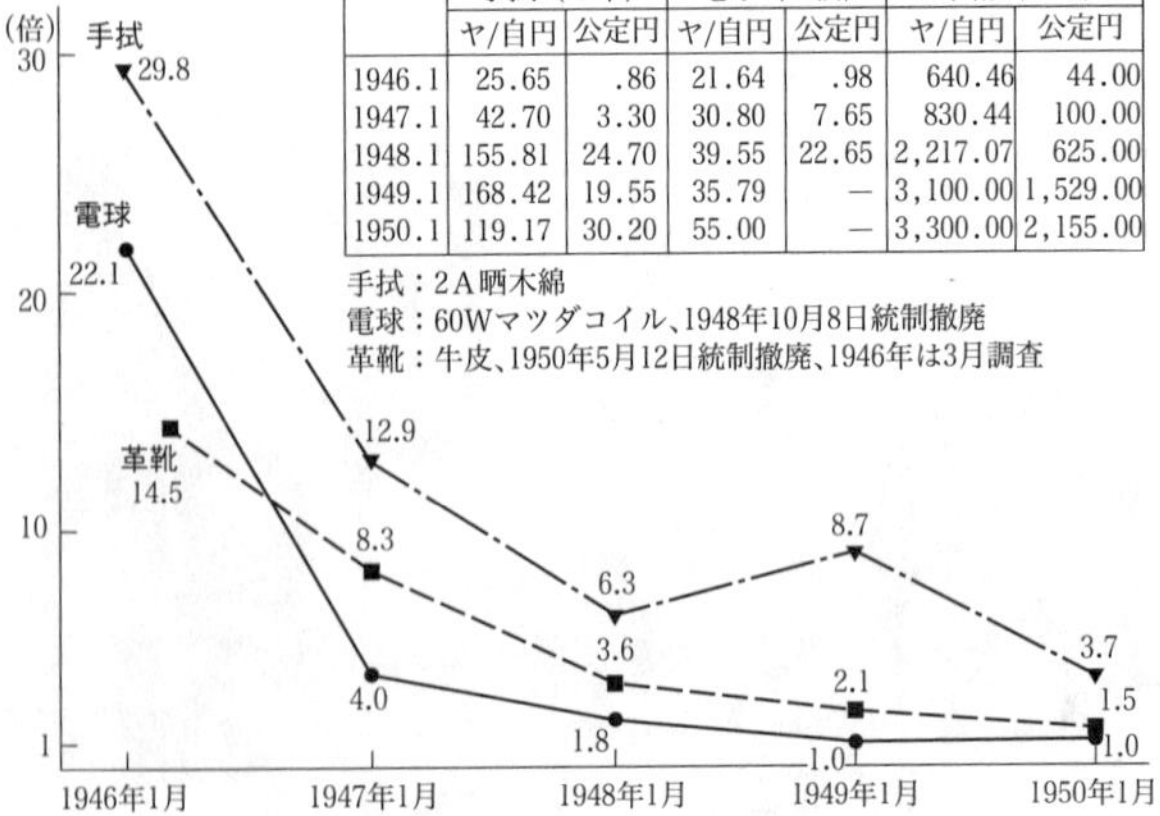

	手拭（1本）		電球（1個）		革靴（1足）	
	ヤ/自円	公定円	ヤ/自円	公定円	ヤ/自円	公定円
1946.1	25.65	.86	21.64	.98	640.46	44.00
1947.1	42.70	3.30	30.80	7.65	830.44	100.00
1948.1	155.81	24.70	39.55	22.65	2,217.07	625.00
1949.1	168.42	19.55	35.79	—	3,100.00	1,529.00
1950.1	119.17	30.20	55.00	—	3,300.00	2,155.00

手拭：2A晒木綿
電球：60Wマツダコイル、1948年10月8日統制撤廃
革靴：牛皮、1950年5月12日統制撤廃、1946年は3月調査

ヤミ値と公定価格　（グラフはヤミ値・統制撤廃後価格／公定価格）
日本銀行調べ（「東洋経済新報臨時増刊『戦前戦後物価総覧　昭和29年版』P.167-181）

が製造するものが多く、粗悪品が多かった。石鹸と称して、半分粘土でできたものや、陽に当てておくと三分の一に縮んでしまう贋物が横行していた。その一方で、外国産の化粧品、貴金属、宝石、カメラ、時計など、一般の人びとの手にはとても入らない品物も、ヤミ市に流れ込んでいた。上野では、

……特殊ルート　密輸品、PXからの横流れ品は、特殊なコネをもつ者でないと仕入れができない。このルートは主として華僑系（台湾省民、中国人）が押さえていた。　（同）

	石鹸（1個）		マッチ（小1個）		塵紙（1束100枚）	
	ヤ/自円	公定円	ヤ/自円	公定円	ヤ/自円	公定円
1946.1	10.20	.10	4.70	.15	6.80	.34
1947.1	14.02	1.90	4.47	.30	13.97	.90
1948.1	58.22	3.95	5.53	1.23	25.90	5.00
1949.1	82.56	9.78	3.46	2.16	35.00	11.07
1950.1	65.00	10.70	2.50	—	25.00	—

石鹸：化粧用、1950年12月9日統制撤廃
マッチ：時計印、1949年7月30日統制撤廃
塵紙：三島塵紙、1949年9月7日統制撤廃、1946年は3月調査

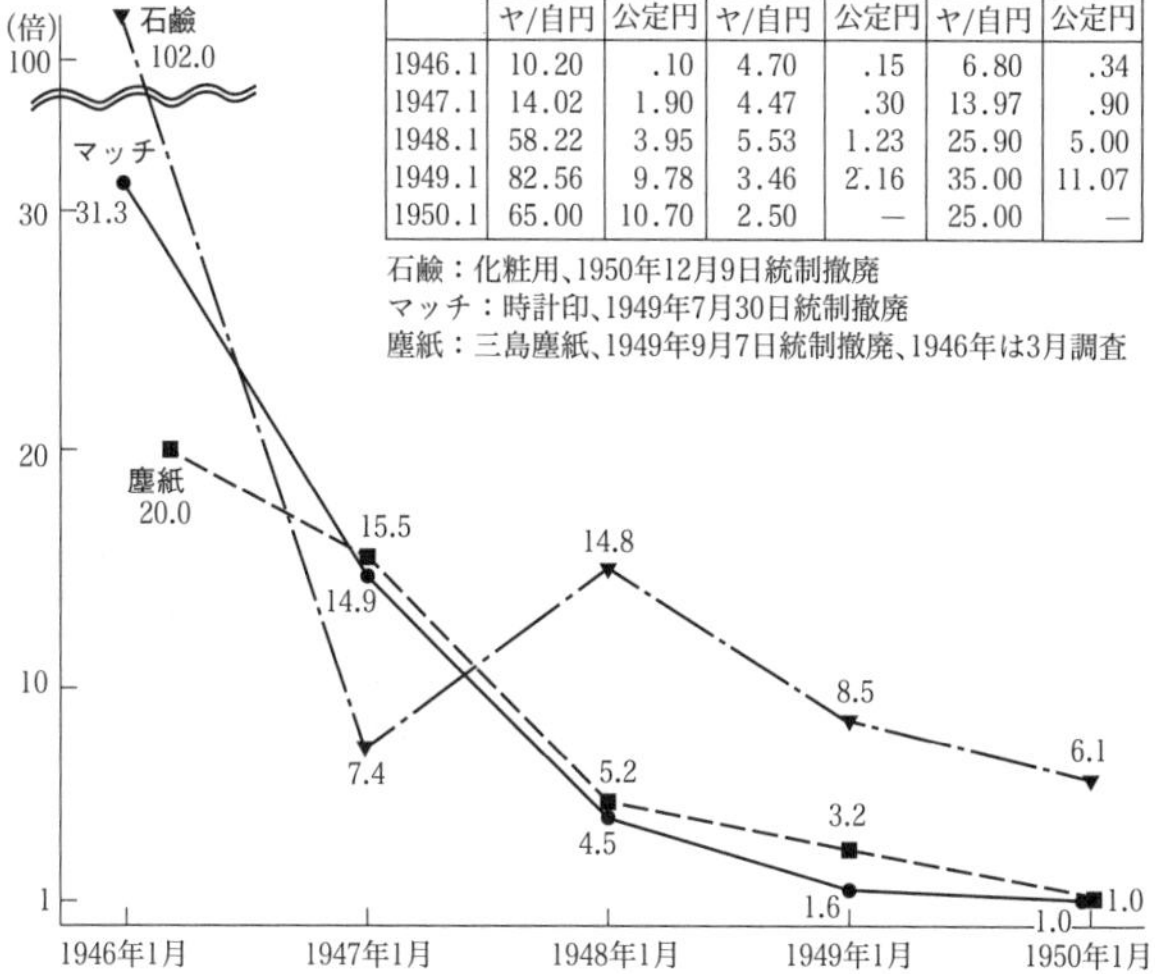

ともいうが、これについては何の確証もない。

しかし、PXからの横流しや密輸については、つぎのような証言がある。

　私が、アメ横へ出入りするようになったのは、昭和二十二年の暮れ頃から……舶来品物資の拠点はなんと言ってもアメ横ですよ、一度は、あそこに入荷されて、そこから全国各地へ持込まれる……持ち込まれるルートを大きくわけると、その一ツは、PX（軍事用語で酒保）からの横流し、……PXに働らく従業婦は、主に日本人の主婦が

多く、米兵の現地妻などが働らいており、――それらの従業員にわたりをつけてヤミ値で流して貰う。……米兵自身が直接アメ横に持込むのと、われわれブローカーの手で持込まれるのと二タ通りあった。

（『アメ横三十五年の激史』）

もう一ツのルートは、揚げ屋と称するグループから持ち込まれるものを、われわれが買って、ヤミ市へ流す、この手口は現在も続いていると言われ、いわゆる密輸ルートのことですよ。このルートから揚げられて来るものは、貴金属、宝石、カメラ、ペニシリン、などの高級品で、おもに、香港、沖縄、上海などからの密輸が多かったようです。

（同）

とにかく上野のヤミ市は、そのマーケット化の過程で、こうしたPXからの横流しなどの拠点としての役割を負うことになったらしい。

パチンコ屋

コリントゲームという玩具がアメリカから日本へ入ってきたのは、一九二〇年というから、第一次世界大戦が終わった直後、関東大震災の少し前のことである。これがパチンコの先祖だというのだが、一九三〇年代には、都会の子供たちは、棒で金属の玉をつついて穴へおとすこのゲームをだれもが知っていた。駄菓子屋の店先にはガチャンコが登場した。一銭入れると玉が出る。バネ仕掛けで玉を飛ばし、うまく穴に入れば飴玉が出てくる遊びだった。このゲーム機械が戦時中の贅沢品だとして製造禁止になったのは、一九四〇年である。戦前のパチンコは、このように子供の遊びとして出現し、地方では大人の間でも人気があったというが、それでも一銭入れて、入賞すると三銭五銭の小銭が出てくる「一銭パチンコ」の類いだった。

これが第二次世界大戦直後に復活したとき、これに真っ先に目をつけたのは、当時の盛り場の中心だったヤミ市である。人びとのやり場のない生活の苦しみを、ごく安価で手軽に、一時は忘れさせてくれるこのパチンコ屋は、ヤミ市のマーケット時代には欠かせない存在になっていた。そして、当初警察は、ヤミ市など特定の盛り場以外、パチンコの正式な営業を許可しなかった（『全遊連（協）二十五年史』一九七七年、および百巣編集室編『ザ・パチンコ』リブロポート、一九八五年）。

変わったのは機械というより客のほうである。マーケットのパチンコ客層は、戦前のガチャンコと打ってかわって大人たち、それも働き盛りの男たちになった。それに釣られて、機械の製造業者たちも客の好みに合わせた新しい趣向を発表していった。一九四六年ごろのパチンコ、これが今日では「小物」といわれる現存最古のものであるが、この「小物」では、盤面に340本前後の釘が均等に打たれているところからバラ釘と呼ばれ、現在の台と比べると、玉がアウトになるまでの時間が長かった。入賞口が全部で25ヵ所あり、上段に入れば3個、中段で2個、下段は1個というぐあいに賞品玉に変化をもたせた。

(『ザ・パチンコ』)

このほかこの時期には、メダルを入れてメダルが出る戦前からの「メダル式」、宝くじの方式を真似た「宝くじ」などが現れたが、ヨシズ張りの店頭に一台、二台と置かれた「小物」は、その名の通り、出玉が三個から七個というささやかな遊びであった。

それが、パチンコ屋と銘打って、一〇台、二〇台と機械を並べ、専門店としての体裁を持つようになるのは、一九四七年からである。そして一九四八年には風俗営業等取締法が制定され、それに基づいて各都道府県条例ができ、またパチンコ機械に画期的な二つの発明が完成する。

オールとは、どの入賞口に玉が入っても一定の賞品玉が出る機械をさす……(「オール10」では)文字通り、10個の賞品玉が出る。また、ここで注目したいのはゲージの違いである。前出のバラ釘と違い、様々な形で釘が打ち込まれている。これによって玉の滞空時間と動きに変化が出来、……（「正村ゲージ」では）ゲージと風車の開発によって、玉の軌道が大幅に変化し、パチンコのおもしろ味が飛躍的に増大した。（同）

かくて、一九四九年にはパチンコ屋一軒に平均三〇台、一九五〇年には五〇台という時代が到来する。パチンコ玉一個の値段が一円から二円に値上げされたのは一九四九年のことである。

新宿和田組マーケットの大きなパチンコ屋「ポパイ」は、強制疎開で空き地になった一六〇平方メートルの土地に、土を固めた上、丸太と細い柱を立て、床を張ってつくられた。幅約五メートル、奥行三〇メートルほどの平屋に切り妻の屋根をかけ、黒い紙を貼った上にトントン葺きで葺いてあった。天井板はベニヤ張りで、黒いコードから裸電灯がいくつもぶら下がっていた。壁には小さいガラス窓がついていた。

パチンコ台は、最盛期の一九四〇年代末には五〇台ほど、壁に沿って二列、中央に背中合わせに二列、計四列並んでいた。通りに面してガラス戸の入り口をもうけ、入り口の脇には景品交換台があって、元海軍大尉がここに座っていた。店の裏側は、一部を延長して呑み屋に貸していた。従業員は、元海軍大尉を入れて計五人だが、四人は女性で、パチンコ台の後ろに入って玉の補給や苦情の処理に当たっていた。

営業時間は、午前一〇時から午後九時。この広いパチンコ屋には、客用の手洗いも、トイ

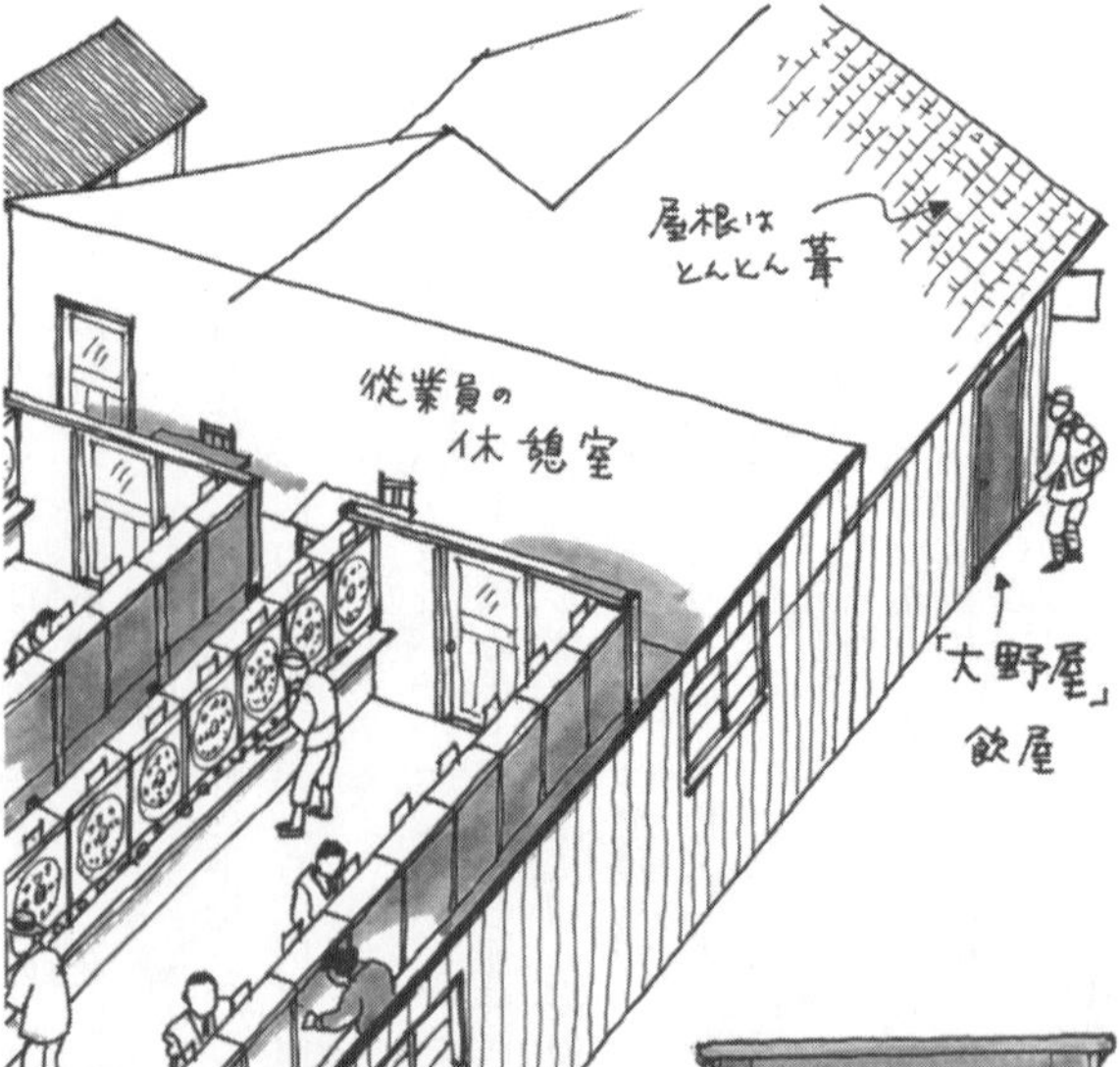

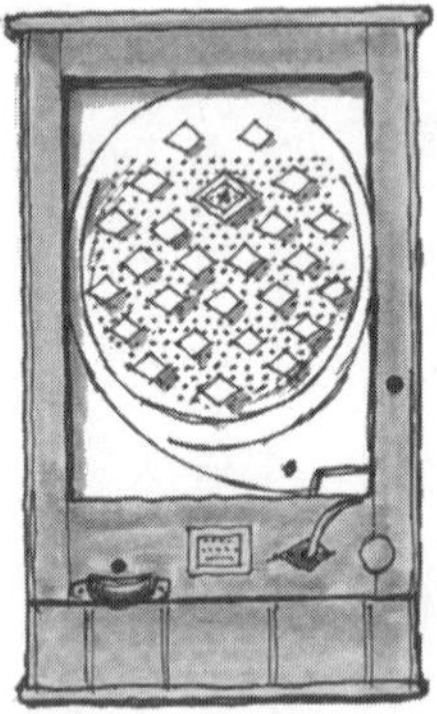

小物

穂積和夫・画

レもない。従業員用のトイレが裏に一つついているだけで、ここには電灯も手洗いもない。店内には水の出るところも、井戸もいずれもない。たぶん客は表で用を足していたのだろう。客はほとんどすべて男である。子供はいない。ダボシャツにステテコのヤクザ風な者もたまには現れ、玉が出ないと怒って殴りかかることもある。

当時のパチンコ台はかなり高く、椅子などは見当たらない。皆立ったまま、バネを弾いて、一つずつ玉を飛ばし続ける仕掛けである。景品といっても、豪華なものではなく、煙草をバラで一本ずつ渡すとか、キャラメル一箱を交換するものだった（「新宿報告書」一〇一―一〇六ページ参照）。

生鮮食料品店

旧堂上公卿の名門〇〇家の当主△△子爵が市井の一商人として中央線の吉祥寺駅前に食料品店を開業してゐる、間口二間、十坪ほどの土間に形ばかりの陳列棚を並べて塩乾魚や佃煮漬物などを並べ……店開をし……この頃ではすつかり公卿商売も身につき教育召集当時の戦友などを辿つては産地買付にも行く、（「朝日新聞」一九四六年二月六日）

奇異に感じるかもしれないが、政府は、一九四五年九月一八日の閣議で、青果物、鮮魚介類の統制を撤廃することを決めている。

生鮮食品の統制はその性質上甚だ困難なもので、戦争の末期にこの撤廃論が起り、出荷団体と配給団体との協定による自治統制の要素を加へたが、今回これらの価格統制、出荷配給統制の基礎となつてゐる戦時統制的な強制措置が一切廃止され、法規上は全く戦時統制実施以前の自由な状態に還元する。

（政府発表要旨、「朝日新聞」一九四五年九月二一日）

これは、占領によって戦時統制による一切の強制措置の撤廃を余儀なくされた政府の、はなはだ無責任ともいえる措置で、以後、翌年三月にふたたび生活用品の統制を再開するまでの半年間、政府は自由販売を取りやめたり再開したり、政策的な混乱のなかで終始した。占領軍までが、生鮮食料品の自由販売もよい、などとわざわざ言明するなど、明確な方向のないままで、都市を中心に、食料品の欠乏は危機を深めていった。

そして、その混乱のなかで、ヤミ市は大衆と生産地とを結ぶ太いパイプとなっていた。このわずかな時期だけ、生鮮食品に限っては、ヤミがなかばヤミでなくなっていたのである。ところが一九四六年三月三日、政府が物価統制令を公布、即日施行したため、これ以後主要な日用品と並んで、生鮮食料品についても統制価格が設定され、自由販売は全面的に禁止されることになった。

政府は、この時設定された新物価体系を、米や石炭の生産、消費価格を基準として生計費と賃金を割りだして決めたものだと称し、生鮮食料品の統制価格を「大体現価の三分の一」に設定して新たな体系を作り出した。エイヤッと決断するところなど、当時の当局の手法にはかなり浪花節的な匂いが強い。ともあれその結果、当然のことながら、生産地から都市への入荷は途端に急減し、品物の多くはヤミへと潜ってしまう。そして、ヤミ市の生鮮食料品はますます勢いづくことになる。

それまで、昼のヤミ市では、いろいろな食べ物がヨシズ張りや露店に、ごちゃまぜになって並んでいた。馬鈴薯、甘藷のような禁制の品から、大根・白菜、干鱈・干鯖・するめ、鰹節など、今日でいう食材を売る店が、蒸し芋やおでんを売る屋台と隣り合わせに商売していた。ところが、生鮮食料品がすべてヤミ商品だということになると、逆に、商品の区分けがはっきりしてきた。とくに、第三章で記したように、翌一九四七年の夏、飲食店と名のつくものが一切ご法度になってから、呑み屋の街は地下に潜行してしまい、食べ物屋の構えも変わってしまう。一方、露店を中心とする生鮮食料は、ヤミ市の一角を占拠して、これを目当ての客とうまく対応できるようになっていくのである。一九四六年、新宿「武蔵野館」の前通りにあった生鮮食料品の街は、こうしたヤミ市再編成の時期が生んだ光景であった。

ところで、この時期、露店商組合が独自に生鮮食料品の共同仕入れを計画していたのは、面白い。

組合は肥料桶千個をつくり、都内の糞尿を農村へ送り、その見返り品として野菜を運んでマル公で自由販売する計画を立ててゐる　　（「朝日新聞」一九四六年五月三一日）

露店商が自前の桶を使って野菜と肥料とのバーターをしようという発想は、奇抜でなかなか優れているが、「組」の若い者が大八車を引いて肥料桶を運ぶ図というのは、考えただけで吹き出しそうになる。もっとも実際にこのバーター制を実行し、かつぎ屋のおばさんたちとともに野菜をヤミ市に供給していたのは、近郊農家の人びとであった。一九四九年の春になっても、千住大橋では、毎朝そうした風景がつづいている。少々汚い話だが、我慢して紹介することにしよう。

朝の六時すぎ、千住新橋はオワイ車と野菜車がひしめき合う、草加、越ケ谷方面から都内へ繰りこむこの車は「ラッシュ時には道を横断できないほど続きます」と交番ではいう

二時、三時起きして往復六里の道、肥オケを積んだリヤカーを妻が引けば、夫は野菜の大八車、といった具合に、たいてい夫婦、親子、姉弟が組んでいる、女でも六十貫か

ら八十貫の荷車をラクに引く　（「朝日新聞」一九四九年五月八日）

副食の材料が軒並みに公定価格を割るようになるのは一九四九年三月、野菜の自由販売が許可されたのはその年四月、魚が完全に統制を撤廃されたのは一九五〇年四月であった。

電気器具店

神田には、第二次世界大戦前から電気関係の問屋が分布していた。『東京百年史』第六巻によれば、神田駅から秋葉原を経て御徒町、上野に至る江戸時代の将軍日光参詣道路——お成り道に電気問屋がたくさんあった。そのうちでも、神田駅周辺には金物問屋、重電関係、また、秋葉原から御徒町にかけては軽電関係の問屋が多かった。こうした問屋の大部分は一九四五年の東京空襲で焼け落ちたが、神田駅北西側の一角だけが焼け残った。

敗戦直後から神田駅周辺から駿河台方面にかけて、通信関係の軍需品が大量に出まわるようになった。

最初は房総方面から放出された軍用通信機材がその端緒となったといわれるが、とにかく非常に多種類の通信用部品が神田の電気関連業のもとに搬入された。その結果焼け残った一画の商店街は軒なみラジオ部品の小売兼卸兼倉庫業に変貌した。焼け残り商店

上　神田の露店商たちが自己資金で建設した「ラジオデパート」
下　同じく自己資金で建設した「ラジオセンター」内部
（いずれも、東京都臨時露店対策部『露店』より）

街に対して須田町から神保町にかけた「大正通り」……の南側約一キロメートルの歩道は延々とラジオ部品の露店でつらねられた。……テキ屋の支配が皆無だったとはいえないにしろ、そうした支配の存在がほとんど目だたず、軍の通信用機材の放出または隠退蔵物資の民間への流通機構としての役割りの面が強かった。（『東京百年史』第六巻）

この電気商たちが後に秋葉原へ移って、電気街を形成するのである。

第六章　新宿ヤミ市・夜のシナリオ

夜のマーケット・それぞれの風景

時期は、一九四七年一〇月末、場所は新宿東口にある××組マーケット。呑み屋中心の飲食店街。通りから南口に向かって幾筋にもつくられた横丁の一つ。ここは、筋によって、日本人経営の店によるものと旧日本植民地出身者によるものとが分かれている。この横丁は、日本人ばかりが集まっている。時刻は午後八時前後。雨上がりでアスファルトの通りは光り、横丁の泥んこ道には水溜りがある。

（「新宿報告書」一三七ページ、一四一―一四四ページをもとに再構成した。写真は東京都江戸東京博物館展示の「新宿ヤミ市模型」）

■北側のアスファルト道を行く人びと、マーケットの横丁を歩く人びと

当時の男たちの服装には、旧陸海軍兵士の軍服が多かった。ときにはこれにゲートルという脚巻き布をつけていた。復員兵士はこの出で立ちで軍隊用の背嚢《はいのう》にいっぱい物をつめ、両手に物を抱え、そのうえ軍隊支給の雑嚢《ざつのう》をぶら下げ、軍靴で歩いた。それがそのまま戦後の

日常生活のなかで、買い出しや地方から荷を担いで売りにくる人びとの一般的な服装になった。

もっとも、中年の女性はまだ絣《かすり》のモンペに、戦前からあった唐草模様の一反風呂敷である。この服装はその後も長く、千葉方面から野菜を担いで毎朝早く上京してくる農家の老主婦にみることができた。

普通、こんな時間にこんな人びとがヤミ市をうろつくことはない。朝のうちに新宿駅のホームに立って買い手を待っているか、馴染みの店に運び入れるかのいずれかである。このシナリオでは、よほど取締りの厳しいものを担いできたのであろう。闇に紛れてヤミ商売をしている図である。

この通りには、横丁の角に占い師が出ていたという説もあるが、ここでは煙草を売っている。煙草のなかには占領軍の兵士が小遣い稼ぎに交換してくるものもあったが、日曜祭日に限り、ピースが一〇本七円で一人一個ずつ売り出されたのは、一九四六年一月である。もっとも、このシナリオで売っているのはそんなものではない。米軍のキャンプから兵士用の大きな共同灰皿に残った吸殻を集め、これをほぐし、煙草巻き器でつくったものである。だいたい吸殻一〇本が煙草一本に化ける。ちょっと焦げ臭いが、アメリカ煙草特有の香料が香り、喜ばれた。この煙草売りは、戦前のバスで女性の車掌がぶら下げていた大きな銭入れを首から掛けている。

「新宿ヤミ市模型」ゲート正面　提供：東京都江戸東京博物館

露店の屋台はいまもある焼き鳥屋台である。ただし、材料は鶏ではなく豚の臓物、棚には一升瓶にカストリや、梅割り焼酎に葡萄色の色水で着色したものなどが並んでいる。当時のマーケットの呑み屋では、つまみをほとんど用意できなかったので、こうしたところへ買いにきていた。マーケットの女がそれである。そして路上には、三合で潰れるというカストリを吐いている男がいる。

リンタクとは、自転車の車輪をつけたタクシーの意味であろうか。現在でも、東南アジアやインドにリキシャという三輪モーターの軽便タクシーがあるが、リンタクは人間の脚が動力であった。新宿では尾津組がいち早くこの商売に目をつけ、「おつなリンタク」の名で走り回っていた。今夜も

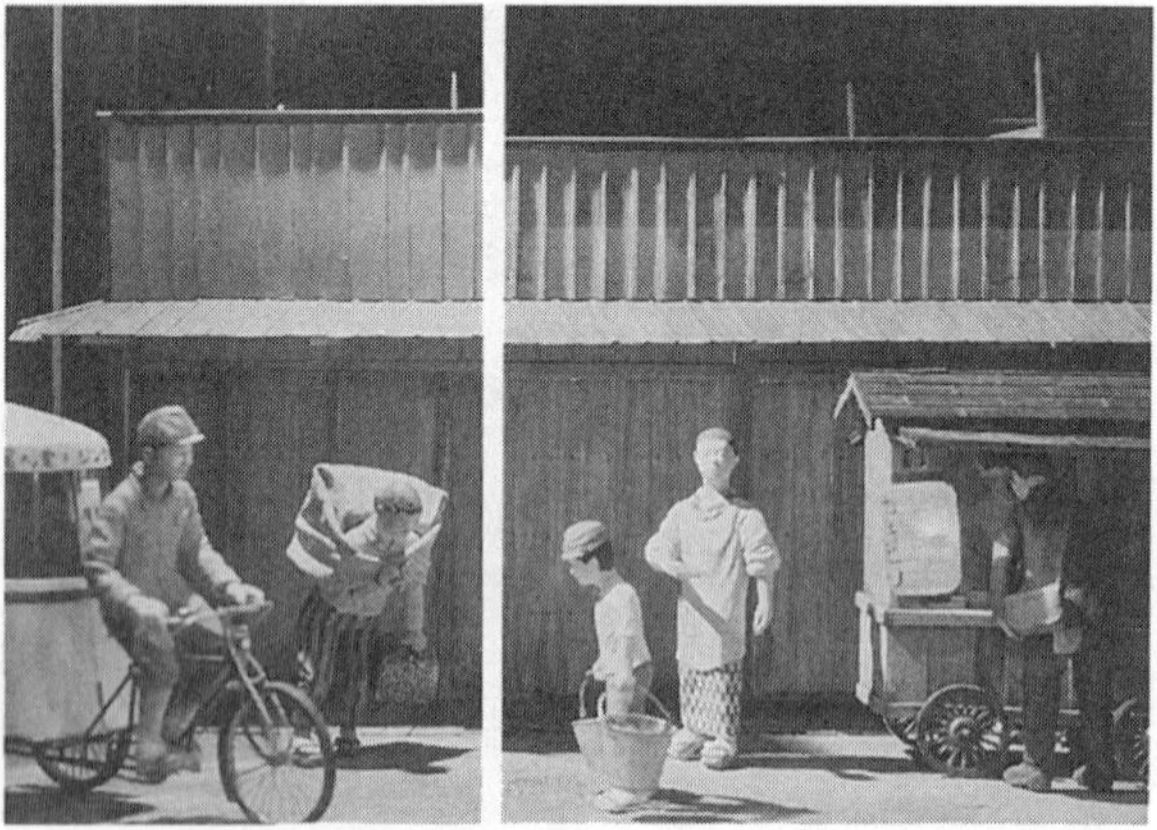
ゲート前のアスファルト道を行く人びと

その一台が街を行く。

戦災孤児は、ヤミ市にもたむろしていた。かっぱらいも多かったが、水道の出ない場所も多かったので、水汲みに雇われることもあった。

男たちはまだ、日本の将来がどうなるか、まったく見当がついていない。本職と副業とを並立させている者も少なくなく、本業だけではとても食べてはいかれなかった。ヤミのブローカーをやらないにせよ、仕事を休んで買い出しに行かなければ、家族の生活を支えることはできなかった。そんな人たちが、わずかな儲けや軽い給料袋を持って、一夜のヤミ市を楽しみにきていたのである。

■呑み屋A

呑み屋A　以下模型撮影：田島 昭

主人は鉤形のカウンターのなかにいる。店先に演歌師がおり、皆一緒に歌っている。歌は、菊池章子の「星の流れに」である。

客は、海軍の戦闘服ばかりが四人集まって、茶碗を叩いての合唱である。バクダンがかなり効いている。どうやら戦友らしく、共同で闇の豚肉商売に手を出し、今日はぼろ儲けしたところである。それではと、新宿のマーケットに繰り出した。金はある。演歌師にも分け前をやろう、とAががま口から札を引き出している。Bはもう自分の歌に酔ってしまい、Cと肩を組んで、大のご機嫌である。D一人が目をつぶり、茶碗を叩いて、ひたすら歌っている。その後ろには客を装って入ってきたスリが、そ知らぬ振りでDの尻から財布を抜き

呑み屋B

取っている。

■呑み屋B

娘は路地にはみだして、客に焼き鳥の皿を出している。××組の者三人。半天を着ている。でんと構えているのは、只酒が呑める縄張りのなかだからである。一人は物音に気づき、路地の奥を覗いている。どうせヤミ市に喧嘩は付き物、よほどのことがない限り出ていかない。組の者に囲まれた真ん中に、痩せた四〇歳代の男が怯えて座っている。どうもこの先の店で金が足りなくなった哀れな小羊であるらしい。三人はこの男を肴にして、いたぶりながら呑んでいる。当然ほかの客は敬遠して入ってこない。女は言いつけられて買ってきた焼き鳥を、いま差し出したところである。女主人

呑み屋C、奥に焼き鳥屋D

は、慣れているから愛想よく冗談など言い合っている。

■呑み屋C

カウンターが前面にあり、店構えがほかと違う。

四〇歳前後とみえるヤミ屋のおっさんが三人呑んでいる。こちらは引揚げの連中である。ツギのあたったセーター、よれよれの背広。

うまい話に乗ってサッカリンを仕入れてきたのだが、試験管に入っていたのは、下半分が重曹だった。それでも新宿西口へ行き、舌先三寸でうまく売り捌いてきたが、また二度と出入りできない場所ができてしまった。西口では組の配下にみつかって袋叩きにされるかもしれないというので、東口へ来た。それでもAは隣の店にいる組員たちを気にしながら、落ち着かない様子できょろきょろしている。Bは頬被り。Cだけがどうにでもなれとコップのバクダンを景気よく空けている。

■焼き鳥屋D

焼き鳥コンロ、甕《かめ》、安物の皿、カストリの度数を貼り付けた一升瓶数本。薄汚れたコップと受け皿、串入れの竹筒、値段表、裸電球が道具立てである。

経営者は、カウンターのなかで、渋団扇を手に焼きトンを焼いている。妻はカウンターのなかで銭を勘定している。職人風の若い男二人が、しきりに笑いながら串を頬ばっている。怪しい女が一人、片手で煙草を吸い、片手で一本の串を弄びながら、男たちに話しかけている。商売にしようという魂胆。海軍予科練の服を着た若者が一人、入ってくる。ヤミ市にはまだよく慣れていない。きょろきょろしながら値段など確かめている。

■おでん屋E

カウンターが前面にあり、椅子は道路にはみ出している。主人がカウンターのなかでおでんを皿に盛っている。妻もカウンターのなかにいて、客の女と話している。

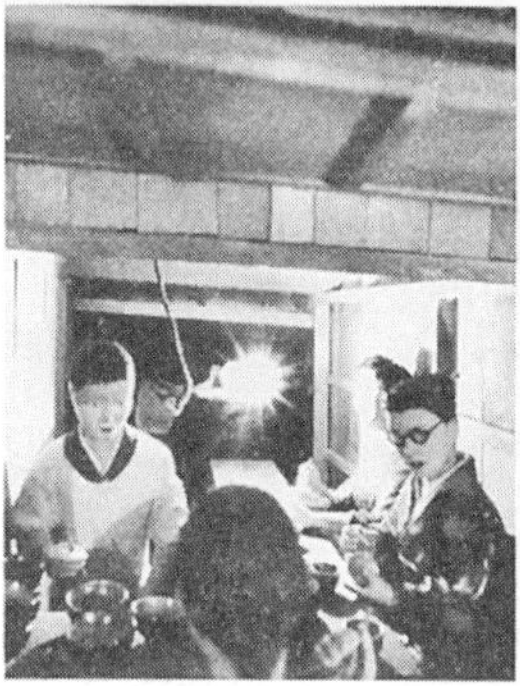

上手前　おでん屋E
上奥　汁粉屋F
下左　汁粉屋F
下右　おでん屋E

工員が二人。腹が減っている。がつがつと食っている。話もしない。二〇歳の女給仕。おでんを買いに皿を持ってきた。皿を差し出して、なにか言っている。たぶん、客の愚痴だろう。会社員が立って、金を払おうと財布の中を探している。もう一人、仲間がそれを覗きこんでいる。

■汁粉屋F

呑み屋と同じつくりで、カウンターが鉤型に回っている。主人はカウンターのなかで汁粉を掻き回している。一二歳の女の子がカウンターの外で椀を配り、箸を渡している。呑み屋の内儀《おかみ》とつれの女、合わせて中年の女三人組。中央に座る内儀の友だちで水商売らしい。店をほったらかして汁粉を食いにきた。払いは、いちばん景気のいい真ん中の内儀。だから女たちは安心しておしゃべりに精出している。もちろん、食うほうにも大変なご執着である。因みに、ここの女主人は三〇年後に、大企業の重役夫人となっている。

■呑み屋G

物書きの先生と、その取り巻きが三人。先生は当然のように和服の着流しで長髪。取り巻きは、まず出版社社員。当時としては、やっとのことで手に入れた古着の背広。よれよれで色が変わっている。鞄を持つ。次はまだ売れない物書き。貫頭服、紐ベルト、着古してほこ

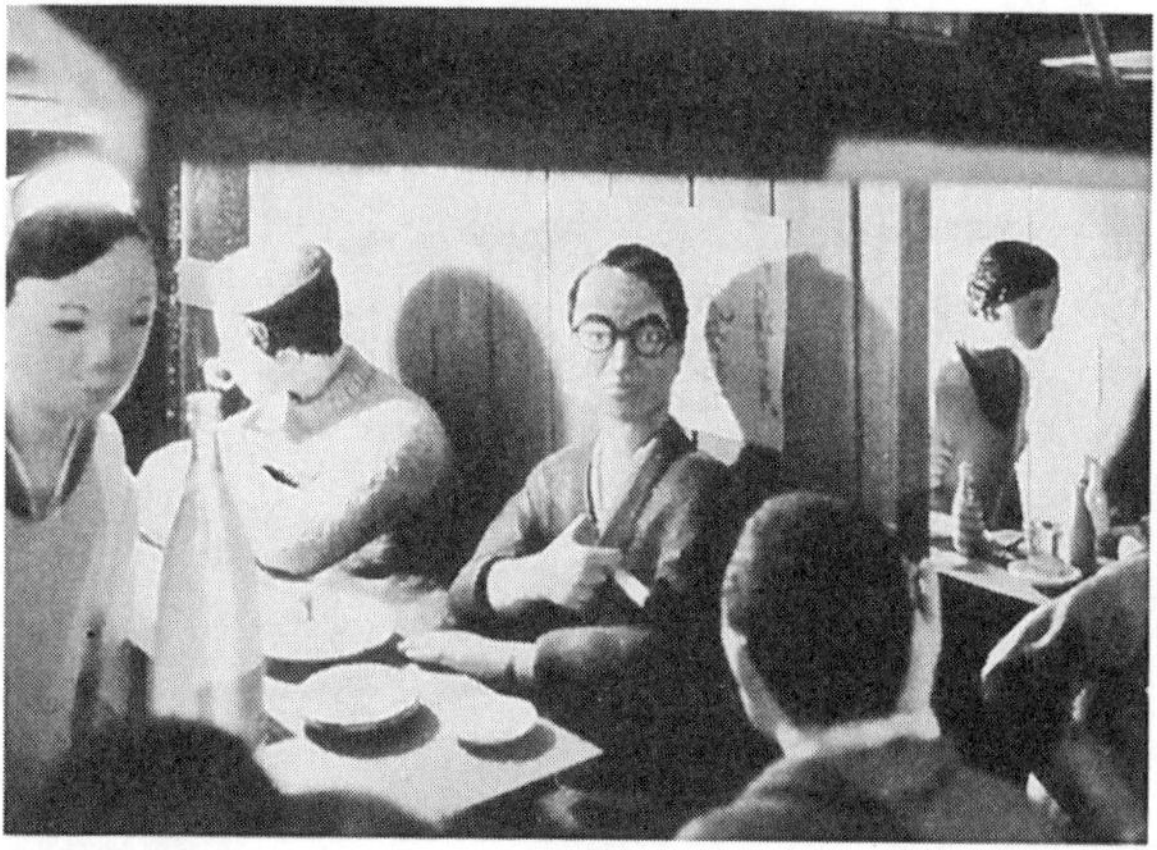

呑み屋G

ろんでいるが、シャレたつもり。ベレーを被りパイプなどくゆらすが、足元は下駄。三人目も駆け出しの物書き。どた靴で、みすぼらしい国民服。先生を中心にして全員が煙を出している。偉そうに文学論をぶっている先生、それを聞く振りをしながら実はコップの酒を呑むチャンスをうかがっている出版社社員。ペコペコと熱心そうに合槌を打ちオベッカを使ってはいるが、欲しいのは原稿だけである。若い方の駆け出しは恐縮の体《てい》を示しつつ、実はこっそり女主人の手を握っている。

■呑み屋H

経営者はカウンターのなかにいる。困り切った感じ。復員兵ヤミ屋が四人集まっている。三人は兵隊服、残りの一人は革ジャ

呑み屋H

ン。パチンコ玉を仕入れに甲府へ行ってきた帰りである。新宿のパチンコ屋へ持って行き、倍の値段で取引した。それぞれ懐に二千円ほど入っている。景気がいい。そこで馴染みの呑み屋へ繰り込んできたのだが、すでにかなりバクダンが効いている。ベロベロのAが柱にもたれている。Bが喧嘩腰でCに食ってかかる。分け前の不満が爆発したのである。Cが受けて立ったので、Dが二人の間に入ってまあまあと止めている。女がはらはらしている。

■呑み屋I

五〇歳代のヤミ屋らしくないヤミ屋。痩せて顔色も悪い。栄養失調気味である。国民服によれよれの兵隊ズボン、草履を履いている。いずれにしても、野菜を背負ってのヤミ屋商売はあまりぱっとしない。おまけに妻子は空襲で行方不明。下戸である。いったんは自宅のバラックへ帰ったが、やり切れなくて新宿へ出てきた。酒も呑めないし、友だちもいない。あまり客のいないこの店がちょうどお似合いである。

もうひとりも復員兵士の失業者。ようやく辿り着いた新宿で、行く先もない。乏しい懐の金を握り締めて、このところ口にしたこともない酒を少しずつ、惜しそうに呑んでいる。

■バー風の店J

ヤミ市としては、洒落た感じを出そうと努力している店。それでもつまみはピーナツくらい。贋物のウイスキーなどを置いている。地元の若旦那二人。××組マーケットとは共存している。毎晩何軒かの呑み屋をまわるが、金を請求された覚えがない。当時としてはダンディな鳥打ち帽子に丸首セーターというA、洒落た長靴と絹のマフラーのB、派手なパーマの豊満な女がべったりくっついている。

こうして、新宿の夜は、今日もふけていく。明日はポリの手入れがあるかもしれない。

酒場の作法

■その一　酒に殉ずるの作法

ヤミ市の呑み屋は、死と隣り合わせである。一九四六年には、占領軍が、兵士をメチールで死に至らしめたものは死刑、という通達を出しているから、アメリカ兵士のなかにも、酒に殉じた侍がいたことがわかる。資料によると、その数は、全部で死者二〇名、重症一一名だという。メチール混入の確率がかなり高いバクダンを祈りにも似た作法で呑むのは、戦争で死に遅れた者の心理であり、死者への鎮魂を籠めた崇高な行為である——と、イキがっても、これは大変なことである。メチールは、一九四六年初めから急増し、二、三年も呑み続けられている。そのピークは一九四八年四月で、東京で死者七名、失明二名を出している。

田宮君（註・当時、田宮虎彦は『文明』編集長）が帰ると言って、玄関を出たとき、上村さんから電話だと言う。

「こんな時間に、なんだろう」

妻は上村さんのところへ行った。

帰ってきて、

「武麟（註・武田麟太郎）さんが危篤なんですって」

「危篤？」

メチールだなと私は思った。そして深い溜息をついた。

（高見順『完本・高見順日記　昭和二十一年篇』凡書房新社、一九五九年）

武田麟太郎がメチールに殉じたかどうかは、いまだに謎である。

■その二　吝嗇ご法度の作法

官吏や教師の給料で、毎晩ヤミ市に入り浸るのは、至難の業である。メチールがピークの時期、一九四八年四月の国家公務員給与二九二〇円ベースに対し、カストリ、コップ一杯は五〇円である。これを現代感覚で給料三〇万円と読み直してみると、カストリは五〇〇〇円になってしまう。なんと高価な酒ではないか。つまみだって同じだ。豆腐が二切れ入っている湯豆腐が二〇円、換算すると二〇〇〇円。新橋のマーケットで鮪寿司を食うと、一個が同じく二〇円である。カストリを三杯呑んで、寿司を一〇個も食ったら、今の値段で三万五〇〇〇円にもなってしまう。

それだけではない。渋谷宇田川町あたりには、ものすごい店がある。坂口安吾が二本呑んだビールが二〇本についていたという。文句をいったら、足の下をみろといわれ、気がつくと、空の瓶が二〇本も足元に入れてあったという。ヤミ市の呑み屋は、まことに不条理の世界なのである。しょせん、ヤミで儲けた金をここで吐き出して帰るのが、真っ当な暮らしというものだったのであろう。キマエがよくなかったら、金の値打ちを考えていたらとても常識では入り込めないはずの場所が、不夜城の賑わいをみせていたのは、世の中自体が、ヤミだったたからである。

■その三　軍歌の作法

これについては、第八章で語ることにしているので、ここでは省く。

■その四　時間の作法

ヤミ市の夜は長居が禁物である。遅くまでくだを巻いていれば、ろくなことはない。なにしろ、いかに駅前だとはいえ、終列車、終電車に遅れてしまえば、タクシーの相乗りなどというわけにいかない。ただひたすら歩くのみである。そうでなくても、長居すればろくなことはない。とにかく世の中、のんびりしてはいない。喧嘩口論は珍しくない。一九四六年夏の新橋、渋谷のように、乱闘の果て、機関銃まで持ち込む騒ぎもある。短く、さっと金払いよく立つのが、呑み屋の大事な作法である。集団で押し寄せ、ピンクのカクテルたった一杯で、キャアキャア、ゲラゲラいつまでも粘っているお嬢様は、この時代のヤミ市では歓迎されないだろう。

■その五　色・食邪道の作法

当時の酒はなによりも酔うためにある。ムードをつくるの、気分がノってカラオケにいいの、とクスグッタいことはお呼びでない。酒の邪魔になるものは一切遠ざけるのが、ヤミ市の作法である。色気が欲しければ、別の店がある。食い物がよければ、寿司屋も焼き鳥屋もある。ここは呑み屋。色欲も食欲も断って、ただ、呑まねばならない。壁も、カウンター（実は一枚の削った板）も、棚も、殺風景このうえないが、それがいい。カウンターの向こうにいる年齢不詳の女将も邪魔にならなくてよい。ただ、あるのは酒である。まして、異性と連れ立ってなどという呑み方はここでは通用しない。

■その六　大酔の作法

まず、コップが皿に載って出てくる。胴に三〇度とか四〇度とか書いた紙を貼り付けたカストリの一升瓶からいきなりなみなみと注ぎ、こぼれて皿から溢れる寸前で止める。これが酒を注ぐ基本的な作法である。客もこれに負けじと気合いを入れて呑む。もちろん、水で割るなどという勿体ないことはしない。水割りなどというフニャけた呑み方が生まれたのは、トリスバーができた後のこと。せっかくのアルコールを薄めるなど考えつきもしない。カストリの臭いのをグッと吸い込んで、そのままヤッと呑む。つまみをガツガツ食うのもよくない。ひたすら呑む。そして、なるべく早く大酔するのが、最高の作法なのである。

第七章　焼け跡再興のプロデューサー

テキ屋と焼け跡商売

東京のヤミ市を仕切っていたのは、「組」組織である。

筆者が、これをヤクザとか、暴力団とかいわないのには、いくつか訳がある。

第一に、駅前の焼け跡にいち早く手をつけたのは、多くの場合、戦前からヤクザと呼ばれ賭博渡世を事とする博徒たちではなく、香具師（ヤシ）またはテキ屋と呼ばれ、縁日や夜店を仕切っていた露店商の組織である。ヤクザとテキ屋は第二次世界大戦中までは、まったく別個の存在で、両者が一つになることはなかった。とはいえ、戦後のヤミ市で両者がはっきり分かれていたといいがたい面もないわけではない。新橋松田組のように、不良あがりで、テキ屋とは異質の出自をもつ集団もあるし、「組」組織の内部にはヤクザもたくさん入り込んでいた。しかし、一九四〇年代後半のヤミ市は、テキ屋のリーダーシップによってできあがったもので、ヤクザの発想ではない。

第二に、ヤミ市のプロデューサーは、暴力団ではない。「組」の経営システムが本質的に前近代的な身分制度からできていたことは確かだし、戦後の混乱期にあって、強引な商売が横行したことも事実である。しかし、ヤミ市はあくまで場所代をもとにしたテキ屋の発想で経営されていたのであり、ユスリ、タカリや暴力が昔からなかったとはいえないが、それが本業ではない。それが暴力団化するのは、「組」の経営システムが、急速に戦後の復興過程と整合しなくなっていくからである。暴力団がユスリ、タカリで資産を運用し、アメリカ張りのギャングの世界をつくるようになるのは、一九五〇年代以降のことである。

テキ屋というと、われわれはすぐに映画の寅さんを思い浮かべる。ガセネタ（贋物商品）をトランクにつめ、口上を武器にして、全国の祭礼を渡り歩く気楽な稼業を想像するが、それは高市（タカマチ）といって、第二次世界大戦前のテキ屋がやっていた一般的なやり方であった。一方、それぞれの土地に縄張り（ニワ場）をもち、常設露店と縁日とで商売していたものもある。そして、戦後いち早く駅前の瓦礫を整理して青空市場をつくりだしたのは、主に後者の「組」組織であった。

現在では、東京都内で露店商売をするには、所轄の警察署の許可がいる。しかし同時に、いまでも古くからの露店商の縄張りが存続している。これが地域を細分しており、それを統括する組織が一種のヒエラルヒーになっている。どこの縁日でも、縄張りの責任者が出てきて場所の地割りをし、出店者が平和に商売できるように按配する。だから、ほかの縁日へ入り込もうとする者は、地元警察だけでなくテキ屋組織の了解も取り付けなければならない。

テキ屋の人たちは、長い間にかれらなりの経営システムをつくりあげ、団結してきた。そ

焼け残った「聚楽」とその周辺（影山光洋撮影）

れを、ヤクザの組織と混同してしまいがちなのは、右に述べた戦後の混乱のなかで、一部が実際に交じり合ってしまったからであろう。

さて、テキ屋の仕組みが多少わかったところで、敗戦直後の東京の焼け跡に、それこそ一夜にして露店市場が出現した理由も、テキ屋の習性と結び付けるとわかりやすい。元来、自分たちの土地でない場所、寺社の境内や路上、あるいは空き地に陣取って、場所を仕切り、商売するというのが、テキ屋の本業である。もともと、人の土地を使うことのプロだということもできる。

一方、敗戦後の駅前にあった空き地といえば、そのなかには、鉄道駅や主要な盛り場の火災延焼を防ぐために、戦争末期にすすめられた強制疎開によるものがある。江戸時代にあった鳶《とび》の火消し以来の破壊消防の考えである。新宿駅東口の「聚楽」前にできていた強制疎開跡地がそれであった。立ち退き料を受けて地主が去った後の店舗は、すべて引き倒された。駅前には広大な焼け跡もある。あらたに仕入れる品物がなく、休業していた店主たちは、焼け出された後、戦争が終わってもすぐに店を建て直すことができず、時期を待って、散っていた。

こうした強制疎開跡地や焼け跡が、瓦礫のままで放置されていた敗戦直後の時期、この土地が商売の道具になると思いつくのは、テキ屋以外にはなかった。かれらのうち年配の者は、関東大震災の直後、焼け跡に露店を出してかなり商売ができたことを思い出した。あのときも他人の土地だったが、露店商売はうまくいった。焼け跡でも、時勢が落ちつくまでは露店商売ができる、それも早く手を付けるに越したことはない、と考えたに相違ない。こうして駅前の一等地にはテキ屋のあらたなニワ場ができ、強制疎開跡地も、焼け跡も、焼けてがらんどうになったビルも、そしてコンクリートの歩道までも地割りされて、テキ屋主導の青空市場がはじまるのである。

土地の所有権や地上権が問題にされるような時代ではなかった。行政や警察は占領政策の行方が摑めず、国民の生命と生活を守る自信もなかった。自力で生きていくことを、だれもが容認していた時期だった。だから、テキ屋の青空市場も、それなりの快挙として、当初は人びとの支持を得ることができたのである。露店商たちは、敗戦直後の主要な駅前で、まるで魔法のように生活物資や食料品を提供しはじめたからである。そしてこの時期、警察も行政も、おおっぴらではないにせよ、それに積極的な援助を惜しまなかった。国が保障できない都市の生活を肩代わりし、瓦礫の駅前を無償で整理するテキ屋の行為は、かれらにとって好ましいことではあれ、決して悪事ではなかったのである。

「組」型経営管理法

敗戦直後から一九四七年八月までのテキ屋の「組」組織によるヤミ市経営の方法については、大河内一男編『戦後社会の実態分析』が、唯一といってよい実証的な研究である。その中では、新橋のヤミ市を例として、つぎのような経営方法を説明している。

この市場を経営管理しているのは、関東松田組である。この「組」はやや例外的に、伝統的なテキ屋の流れを汲むものではないが、他の「組」同様、一九四五年一〇月にできた東京露店商同業組合本部に属し、各警察署管内ごとに設けた支部、ここでは愛宕支部に所属している。本部、支部の役員はすべて警察の認可を得ている。松田もその一人である。露店（ないしはマーケット）に出店するものは、この同業組合に加入することを義務づけられ、その際、関東松田組に入会金、組合費、芝睦会会費（そして、マーケット出店者の場合はマーケット権利金）を支払い、露店出店者は毎日鑑札を受ける。さらに、出店者は東京露店商同業組合愛宕支部に所定の税金、電灯料、道路占有料のほか、場代の日銭（ゴミセン）を支払わなければならない。

露店商同業組合愛宕支部は、芝区役所（当時）に一括して税金を払い、芝警察署（当時）に一括して道路占有料を支払う。また、関東松田組には、電灯料、場代の日銭（ゴミセン）を一括して還付する。関東松田組は東京露店商同業組合本部に出店者の入会金と組合費を直接納入するが、本部はこれを受けて、組合費の半分を関東松田組に還付する、という仕組みである。

この方法では、出店者は警察の許可を得ると同時に、露店商同業組合に加入することを義務づけている。敗戦直後、東京の警察は、自由販売禁止品の取締りを自らの手で直接おこなわず、巡回や臨時検査などを同業組合の自主的な管理に委ねようとしていたのである。テキ屋の「組」組織は、この時期、無警察状態の東京の経済警察の役割を担わされていたともいえる。

関東松田組は、出店者からの収入と本部・支部からの還付金で事務所を持ち、自警団を組織していた。こうした経営方法は、テキ屋の一般的なやり方をそのまま近代化したものだが、実態としては、古風なテキ屋の世界がそのまま持ち込まれており、外見のようにスマートなものではなかった。

『戦後社会の実態分析』によると、当時の出店者が関東松田組に直接支払う金は、入会金一〇円、組合費月三円（三ヵ月分前納）、芝睦会会費、支部入会金一〇円、支部費月二円、こ

新宿（東口） （東口） （東口） （東口） （西口）	尾津組マーケット 和田組マーケット 安田組マーケット 野原組マーケット 安田組マーケット
池袋（東口） （西口）	池袋連鎖市場 池袋戦災復興マーケット
新橋	松田組新生マーケット
渋谷	道玄坂恋文横丁 道玄坂百軒店
上野	御徒町アメヤ横丁 近藤マーケット

東京のマーケット　1946年当時、東京都の主要各鉄道駅前のマーケット（名前のわかる主なもの）

れで鑑札を受けることになっていた。また、毎日一円のゴミセンを払わなければならない。

一九四六年春の新橋には、関東松田組に所属する露店が一三〇〇あったという説があるが、これを単純に計算すると、関東松田組の毎月の収入は、出店者から毎月入る分は、二万ないし三万円にしかならない。もし、本当にこれが組の収入の基本であるとすれば、一〇〇人近い関東松田組の事務所や自警団を経営するのは不可能である。月五〇〇円と定められていた当時の国家公務員給与ベースを守ったとしても、生活ができないことになる。

しかし一方で、一九四六年一月に、露店商同業組合愛宕支部が芝区役所に納入した東京都道路占有料は、総額で二七〇〇円であったという。当時出店者が支払っていた道路占有料は一円であるから、月間少なく見積もっても三万円にはなる。これは一〇倍という暴利である。また、税金は当時の特例で、露店商同業組合愛宕支部が独自に査定し、代理徴収していた。直接税（所得税、営業税、付加税）として〇・五円から二円まで、間接税として飲食店二円、雑貨店一円、小物店〇・五円を、毎日支部が徴収していた。しかし、都内にはこの代理徴収の過程で着服する者が多々あり、場所によってはかなりずさんな請負であったという。

税金その他勝手な名義で露店商から金をとり、警視庁管下だけでも昨年（注・一九四六年）中に組合員が徴収された金は六千万円に上り、うち一割は税金などに納められているが残りの九割五千四百万円はどうなつたか全く不明という有様である

（「朝日新聞」一九四七年一一月二二日）

「組」の経営システムは、こうした矛盾を内包しながら推移していく。

東京のカポネ

一九九五年一月の阪神・淡路大震災直後、TBS午後三時のニュースは、被災地にテキ屋風のグループが現れて、被災者たちに水や食料を配った、と報じている。それが誰だったのかはわからないが、いかにもテキ屋の人びとらしい「義俠」である。この人びとには、明

治、大正以来の不思議な倫理観と生活観がある。そして、第二次世界大戦後のヤミ市経営では、それがポジとネガの両面で極端に現れていた。

D・ベリガンは、当時ニューヨーク・ポスト特派員として日本のヤミ市を丹念に取材した記者であるが、かれの目にはヤミ市の経営者は「東京のカポネ」として映っている。ここでかれが名指しているカポネとは、新宿から出て、東口に尾津組のマーケットをつくり、東京露店商同業組合理事長となり、一九四七年まで東京露店商の頂上にいた尾津喜之助のことである。

東京はいうに及ばず、日本中の都会では、露店は皆伝統的に与太者に支配されており、終戦当時にも彼らはボロ儲けをしていた。尾津も勿論その例にもれなかつた。商店は殆ど焼けて、商人はやむなく自分達を保護してくれる与太者の支配下に入つて、街頭で露店を開くほか仕方がなかつた。徳川将軍の時代でも、こんな景気の良いことはなかつた。

（「東京のカポネ＝尾津喜之助」『世界評論』一九四八年八月号）

というのである。テキ屋稼業を与太者と片付けたのは、D・ベリガンの勉強不足だが、それにもまして、尾津喜之助が徳川将軍に比較されているのは、面白い。

だが、当時のヤミ市経営者たちは、そんなふうに悪の巣窟として、自分たちのヤミ市をみていたのであろうか。ここに、当の尾津が書いたとされるつぎのような一文がある。

（終戦の日）私は手近な連中五十人ばかりを集めて、「新宿から、すべての人々に呼びかけようと思う。ついては、明日から道路整理と掃除をやろうじゃないか」というと、みな、勇躍して賛成してくれた。……ところが、一口に焼跡整理とか清掃といっても、並大抵の努力で出来るものではない。駅から三越の先まで整えるために、鉄屑の山がどのくらい出来たかしれないのだ。……やっと、どうにか清掃をおえると、「明日から露店を再開して、みなさんに、この明るい新宿を提供したい」そういう貼紙をした。

（『話』一九五二年一〇月号）

ここには、他人の土地を不法に占拠したという罪悪感は、少しも感ぜられない。むしろあっけらかんとして明るく社会事業に取り組んでいるという趣ではないか。かれの主観的な意図としては、テキ屋の方法と手順を使って、ひたすら自分たちなりに荒れ果てた新宿駅前を再興させようという義侠心を発揮しているのである。東京のヤミ市経営者は、こうした不思議な倫理観に裏付けられて、敗戦後の盛り場をプロデュースしていくのである。

しかし、第二次世界大戦までのテキ屋商売には、これとは別にかなり怪しげな面があったのも事実である。その一つは、テキ屋の仁義といわれるものである。かれらの内部では、親

毎日新聞　二十七日（木曜日）

㊋顔負け鍋や火箸
闇吹飛ぶ賣聲
新宿に明るい露店街

尾津喜之助の談話を載せた1945年９月27日付「毎日新聞」。「私は我々の意気をいまこそ見せねばと思つてその最初に街頭の大闇をなくし、皆に安い品物を買つてもらはうと思つて始めたんだ」

分・子分の関係が多重になっており、これがニワ場の繋がりをつくりだしていた。親分・子分の関係は身内といわれ、親分は子分に対してその生活上の恩恵を与える代償として、子分は親分に前近代的な忠誠を要求されていた。子分の掟に反した行為が発覚すると、私的な制裁が加えられ、他の組との間で争いがあれば、命を賭けて闘った。

こうした伝統は戦後になって緩んだものの、ヤミ市のなかでは、素人の商人たちにまで、秩序の違反に対する私的な制裁がしばしば加えられていた。また、ニワ場をめぐって組員が殺傷される事件も少なくなかった。渋谷、新橋の事件にみるように、紛争ともなれば、たちまち機関銃まで持ち出す抗争が起こっている。

もう一つは、テキ屋商売が本質的に持つ贋物（ガセネタ）売りの伝統である。縁日の露店でいまもみるように、テキ屋の商品にはもともといかがわしさが付きまとっており、祭礼や縁日では、客もそれを承知で楽しんでいた一面がある。こうした体質はヤミ市の取引のなかでもどうしても吹っ切れないところがあり、それがヤミ市に一種の暗さを与えていた。もっとも、尾津喜之助は、自分の商売について事あるごとに「適正価格」（一一一ページ参照）であることを誇り、ヤミ商品の駆逐に努力したことを強調している。彼の事業の進め方をみると、それが決して口だけでないことはわかるが、その配下が管理していたヤミ市でさえ、その通りに運営されていたとは、信じられていない。

ヤミ市の経営管理は、テキ屋商売の明暗をそのまま反映していたのである。

土地をめぐるヤミ市の論理

一九四七年、東京都は都条例を発し、疎開地の地上権回復を明らかにした。新宿大通りを中心にして、地主たちが本格的にヤミ市の土地返還を要求しはじめるのは、この頃である。これについて、尾津喜之助はつぎのようにいったという。

その土地問題というのは、前年からプスプスといぶり出していたのである。つまり、地主たちは、戦争中は、多額の立退料を都からせしめて疎開し、私たちが血と汗の必死の努力で再興した新宿へ、又、ノコノコ戻ろうとして、もとの地上権を楯に、土地を返せというのである。彼等は、都条令《ママ》……を、モッケの幸いにして、私に対して不法占拠という汚名をきせ、早々に立ちのけの一本槍、……（『話』）

その土地には、新宿再興の功労者が多数生活していて、いますぐといって、行き場がないのだ。この、われわれの苦衷を、法律一辺倒の彼等は、歯牙にもかけなかった。（同）

かれが新宿再興の功労者といっているのは、ヤミ市の露店商やマーケットの商人たちであり、その人びとを顧客としてヤミ市を経営している自分たち「組」の人びとである。テキ屋の論理からすれば、土地は天下のものである。とくに、問題になった土地は、地主が地上権を放棄して転出した荒れ地で、自分たちが地権者の東京都や警察に委託されて整理し、再興したニワ場である。これを地割りして露店を招き、さらにはマーケットをつくってたくさんの人たちに職場を提供し、新宿を盛り場として再興してきたのだ、というのがその理屈なのである。

ところが、この話を新宿通りの地主の側からみると、つぎのようになる。

……（戦時中）商店主や従業員の出征があいつぐようになり、小人数での営業が多い新宿では、営業活動に次第に支障をきたすようになってきた。……生活物資の配給店が指定制になり、……企業整備による併合があり、商業報国隊で徴用に狩り出され、強制疎開で立ち退かされ、最後に、米軍のB29爆撃機のじゅうたん爆撃によって、新宿の街景そのものも消失することになる。

（『新宿大通り二八〇年――新宿大通商店街振興組合創立30周年記念誌』一九七七年、非売品）

というのだが、一面焼け野原となった新宿では、復員兵軍人や焼け出されの人びとが自然に売り買いをはじめる。

しかし、この時期は、ほんのわずかである。焼けトタンや廃材で小屋がけをして商売をはじめる人が出てくるようになると、ある日突然、この地域の大区画をヨシズやベニヤで仮設したヤミ屋街がいくつも出現するのである。新宿大通りに面したヤミ屋街は、高野果実店の脇から三越あたりまでの一角だが、おかしなことにそれがいつ頃だったのかはっきりしない。戦前、この土地で商売していた人たち（松喜屋、中村屋など）にも、自分の土地に帰ろうとしたとき、すでに建っていたということで、それはまさに、一夜にして建った！　という実感としての表現しかなかったのだろう。（同）

ということになる。

元の地主にしてみれば、戦時中に全く機能を停止した盛り場で、戦時下の政府の強要によって、やむなく立ち退いたもので、本来これは汗と脂で築き上げた自分たちの資産である。戦後当然返還されるのが筋なのである。

しかしまた、この人たちが、敗戦後しばらくの間、その土地に関心を持っていなかったのも事実である。そうでなければ、無償で瓦礫を整理し、そこに露店を導き入れるテキ屋の努力を黙ってみているわけがない。関心がなかったからこそ、「それがいつ頃だったのかはっきりしない」ともいえる。尾津の論理も、戦後の混乱期の真実の一面を語っているのである。

これらの文章を読んでみて、まず感じるのは、両者の良識や価値観がまるで違うことである。「組」の論理は、いうなれば、土地を単なるニワ場としてとらえ、これを商売の道具にして一時的に利用することに価値を見出す旅人のそれであり、特異な危機的環境のなかで通用する利那的な論理である。それに対して、元商店主たち、地主たちの論理は、土地そのものを価値とし、その上に永住して商売する定住者のそれであり、永続性を基礎にする平常時の生活論理である。変転の極めて激しかった一九四〇年代の後半においては、この問題は、どちらが正しいかではなく、社会がなにを論理として認めるか、によって決められる事柄であった。

さきのベリガンはこのことに触れて、

尾津は彼の地域の空襲で焼けたあとへ、小商人向きの、小さいながら頑丈な店を建てならべた。この土地の所有者達が尾津が地代をおさめぬばかりか、事実土地の使用について地主の許しもえていないことを抗議した時に、尾津は取調べの警官に、彼の店は世の人々のために建てたもので、これらの店の商人たちは非常に「義侠心」に富んでいるから、どの商品にも一〇〇パーセント以上の利潤を要求したことはないと語った。

（「東京のカポネ＝尾津喜之助」）

と皮肉に記しているが、一九四五年秋には、生活の守り神として都民の拍手喝采を受けた尾津のテキ屋論理も、かれ自身が暴力行為等取締に関する法律違反並びに強要の罪で強制収容され、公判がはじまった段階では、もはや昔日の輝きをなくしていた。たとえ、それが国民生活の窮乏をヤミ市に転嫁しようとするスケープゴート探しの一面を持っていたにせよ、時代は確実に動きはじめていた。それは、もはや社会の共感をうるものではなく、かえって一種のカリカチュアとして受けとられはじめていたのである。

ヤミ市と政府、占領軍との関係が一九四六年夏以来変化し、警察の直接取締りが強化されると、ヤミ市のシステムは急速に矛盾を露呈して機能しなくなり、各「組」に対する圧迫が強まる。一九四七年夏には、ヤミ市を支配する「組」の幹部があいついで逮捕されたり手配されるようになる。この状況のなかで、新宿の安田組、浅草の芝山組、渋谷の関東和田組、新橋の関東松田組などが解散する。そして、七月末には東京露店商同業組合が解散を決議するに至る。他方、この夏からは料飲店が全面的に禁止され、ヤミ市と「組」との関係は、隠微なものへと変わっていくのである。

一九四九年九月、都知事、警視総監、消防総監は連名で、路上の露店の撤去通告をおこなった。三多摩と島嶼をのぞく都内の路上での露店商の商売は、一九五〇年から五一年にかけて、完全にその姿を消した。また、都の幹線街路網計画による駅前広場、繁華街の土地区画整理によるマーケットの移転がはじまるのは、一九五〇年である。テキ屋論理は、この時期に一部のマーケットをのぞいて駆逐され、朝鮮戦争がはじまって、日本の戦後につぎの段階が訪れる。

第八章　ヤミ市の生活文化論

ヤミ市文化の闇

テキヤというのは「実業」ですからね。物を売って、それによって利益をえているんですからね、全然バクチうちの世界とは違うんですよ。正しいものばっかり売っている者は別として、偽物売る者も沢山いますよ。……ガマの油売りとか指輪とか、ああいうのは結局家に帰ってみたらビックリするようなものですがね。そういうのがテキヤなんですよ。

大体テキヤというのは、絶対的にそこの土地にいなければメシが喰えないわけじゃあない。ところがバクチうちは、平均して自分の土地でなかったらほとんど商売できない。……テキヤは土地にたいする愛情がない。

（『東洋文化研究所紀要』第三十冊、一九六三年）

これは、一九四八年七月に、服部之総《しそう》・飯塚浩二ら歴史学者が、戦時中、服部と同じ獄舎につながれていたという博徒、森田政次から聞いた話の一部である。土地に縛られずに「実業」することに誇りを持ち、「タンカ売《ばい》」までも実業と考えるテキ屋の論理は、第七章で述べたように、戦後の一時期、都市の物資需給関係の間に割り込み日本経済の基本的な論理を覆した。それができたのはこの時期、日本経済の仕組みが完全に麻痺し、人々がそれに信頼を置くことができなかったからである。まったく異なる位相から社会経済の仕組みに切り込んでいけるテキ屋だけが、その状況に対応する方法を知っていたからである。

この状況は、五〇年経った一九九五年の東京に奇妙なほどよく似ている。

大日本帝国の「八紘一宇」論理にみられる選民意識で生きてきた当時の日本人は、荒れ果てた瓦礫の上にたって、未来に対する展望をなくしていた。自分たちがそれまで身に付けてきた自負や精神的な支柱がすべて消し飛んでしまって、自分の存在意義を見出すことが難しかった。日本の社会や経済が、自分の一生の間に、世界に伍していく力を持てるようになるとは、想像もできなかった。あるのは目先の生活、それも貧しい暮らしをどう繋いでいくかだけだった。ひとり孤独に楽しむパチンコは、当初はこうした虚無感に結びついて爆発的に広がった遊びであった。

現在の日本は確かに物質的に豊かになった。しかし、溢れかえる物のなかで、人びとはあのときと同じように、未来に対する展望をなくしている。努力したところで、たいした価値を生む実感のない時代なのである。競争と苛立ちばかりで、節目もなければ、満足感もない。社会に対する使命感もなければ、充実した自分の存在意義を摑むこともできない。あるのは目先の楽しみ、それも軽いノリの楽しみでしかない。一人で孤独に楽しむパソコンの世界すら、なにか一九四〇年代後半のパチンコに似ている。

ヤミ市がまだ青空市場だった敗戦直後、テキ屋の「組」組織が焼け跡の駅前でやったことには、当時の一般大衆にとって、どうにもやり切れない閉塞状況を一挙に突き破る爽快感があった。生活必需品を打出の小槌のようにつぎつぎと取り出すテキ屋のヤミ市は、公定価格をつくり、厳重な統制経済を布きながら、都民の生活を充足することのできない社会を逆転する小気味よさがあった。それは、当時の日本社会の構造的な病理をそのまま反映した鏡だったのである。当時、それまで軍国主義の塊だった軍の若い将校たちで、テキ屋の仲間になった者も少なくないというが（前述座談会の服部之総発言）、それは社会が一八〇度急転回するなかで、裏返しの論理にたいする奇妙な接合ともいえるだろう。

一九九五年の日本は、オウム真理教の事件で大揺れに揺れていた。栗原彬は、それを現代日本の「鏡」としてとらえ、

ハルマゲドンの予言という鏡面に映るものはなにか。それは、冷戦構造が融解して、未来構想が思考停止したままの世界と、波風の立たない安定した、しかし閉塞（へいそく）感に満ちた日本社会であり、そこに戦慄（せんりつ）をもって逆転と突破を期待す

る心性である。

とし、

……私たちがオウムに「闇（やみ）」を見るとしたら、それは何ほどか私たち自身の内部の「闇」だ

としている（「朝日新聞」一九九五年五月二日「論壇」）。

この闇は、状況こそ違え、一九四〇年代後半の闇に繋がっている。軍国主義のエリート将校に代わって、一流大学の理科系卒業者たちが、今日の逆転と突破を期待して、オウムの闇に引きこまれている。そして、その闇の正体はヤミ市のなかにあったのである。

ヤミ市の生んだ食文化

東京の焼き肉料理は、東京・品川あたりではじまったものだという。それも、遠い明治の時代ではなく、第二次世界大戦の終りごろだという。ここに朝鮮半島からきた人たちの集落があり、日本人のなかにもここでつくるマッコルリ（濁酒）を買いにくる者があって、多少の商売になっていた。屠場が近かったし、内臓は捨ててあったので、これを求めて韓国式に

料理して食べていた。こうした牛の内臓料理を、時には日本人の客にすすめ、隣の人に分けたりもした。ところが、そのうちにこの料理をマッコルリと一緒に食べると、安くてうまいうえに精がつくと評判になった。

こうして、在日のおばさんたちの韓国家庭料理を出す店がいくつもでき、これが敗戦後、広がったというのである。この話は、「在日韓国人の焼肉に関する文化人類学的考察」という論文で崔吉城と柳尚煕が報告しているのだが（『社会人類学年報』六、一九八〇年）、このほかに、大阪・鶴橋が発祥地だとか、広島の兵器工場で働いていた朝鮮半島の人びとが広めたとか、さまざまな説がある。いずれにせよ、在日の人びとが、第二次世界大戦後に、自分たちの家庭で食べていたお国ぶりの内臓料理を、そのままヤミ市へ持ち込んだのが、ホルモン料理を広めるもとになったのである。

ヤミ市時代のホルモンは、もちろん後の焼き肉とは似ても似つかぬもので、鉄板の上で焼いて味をつけた簡単な料理だった。だから、その単位も一皿で、バクダンやカストリ、あるいはマッコルリと対になって出された。

右にあげた崔吉城・柳尚煕によると、ホルモンにはスタミナというイメージがつきまとっており、精力がつくことと朝鮮半島の人びとの気性の激しさやスタミナと結びついているというが、また、「掘るもん」ないしは「放るもん」（大阪弁）という侮蔑語だとする説もある。屠場で埋めたり放ってしまった内臓を、在日の人たちが掘り出して食べたというのである。そういう説もあるほどに、第二次世界大戦までの在日の人たちは、貧窮のどん底に押し込められていた。そして、敗戦。以後、日本人が侮蔑したその「放るもん」が、東京ヤミ市の人気商品となったのであった。

今日の韓国・朝鮮料理「焼き肉」は、もちろんこんなものではない。まず、肉といえば、正真正銘の牛肉が中心である。ロース、カルビと呼び名もきちんと分かれている。また、肉以外も、タン、ミノ、レバーと洒落たカナ文字で区分けされている。その他、若鶏のモモや野菜だけというメニューもある。それを無煙ロースターの上で焼いて、タレをつけて食べるのが、東京のしきたりである。韓国・朝鮮料理の「焼き肉」料理屋がヤミ市を離れて一本立ちしたのは一九五五年頃からだといわれるが、以来、ホルモンは上品な料理になったのである。

換骨奪胎は日本文化の真骨頂だというが、明治以来の食文化は、主としてヨーロッパ風の料理を換骨奪胎して不思議な近代日本料理のメニューをつくりだしてきた。曰く、ライスカレー、曰く、カツ丼、曰く、あんパン、そのほか例はいくらでも挙げられるが、その中心はほとんど西洋料理であった。それは、脱亜入欧のハイカラ好みをそのままあらわしてはいるが、まるで骨ごと口に放り込んで、後から滓をだす鶏の水炊きのように、気にいったところは頂き、気に入らぬ部分はさっさと放り出して日本風にアレンジしてしまう。これこそ、ジャパナイゼイションの見本のようなものであった。

そして、第二次世界大戦後の日本人は、どうやら今度は韓国・朝鮮料理を相手に、お得意の換骨奪胎をまた、やらかしたようである。というのは、ヤミ市から巣立った日本の「焼き肉」料理は、どう見ても、ソウルの韓国料理とは全然ちがうからである。

私は一九九二年から半年間、ソウルの大学で教えたことがあるが、ここには鶏肉まで一緒に焼いてしまう食べ方はない。焼くといえば、牛肉以外にも、豚カルビの店はあるし、魚も焼いて食べるが、牛カルビと豚カルビの店は別々である。そして、鶏は普通蒸すか、煮て食べる。ロースは焼いて食べるのではなく、通常プルコギという料理にする。朝鮮半島式ジンギスカンである。ミノやタンやレバーをカルビ焼きの店で出すことはない。ミノはコッチャンクイ（牛の小腸焼き）という別の料理で、提供する店もちがう。レバーも同じである。タンもあまり焼くことをしない。もちろん、いろいろの料理に韓国唐辛子を使い、にんにくを多用する。

店もちがえば、料理の仕方もちがう、料理をする人もちがうとなれば、これは韓国・朝鮮料理とは別ものである。われわれが東京で食べているのは、韓国・朝鮮の料理ではない。それは実は、在日韓国・朝鮮の人びとがつくりだしてヤミ市に広め、その後洗練される過程で換骨奪胎され、変形してできあがった韓国風日本料理なのである。

ヤミ市パチンコ屋を逆照射する

ヤミ市には必ずパチンコ屋があった。パチンコ屋から聞こえるのは、ジャラジャラという玉の音、そして軍艦マーチであった。

この当時、第一線の社会心理学者だった宮城音弥は、これが爆発的な人気を呼んだのは、心理学的にいうと「要求水準」に達しており、「適正価値」を維持しているためだ、としている(「東京新聞」一九五一年一〇月一五日)。

あちこちで、玉が入賞口に入って小気味よい音を立てる。自分にもそのチャンスは十分あるという気になる。「このくらいならいけるぞ」と思う、それが「要求水準」に達しているということである。また、適当な難しさ、あるいは易しさで、しかも儲かる程度、このほどほどなところが「適正価値」である。現在のパチンコと違い、当時の機械はゲージの釘を読んでバネを加減し、自分で玉の飛ばし方を制御できるものだった。適当に賭博性をもちながら、同時にまた、かなりの技能を要求するものだった。適当な難しさのなかで、適当に賞品を取れるというのがその仕掛けだった。

そして、パチンコ玉一個の値段は、一九四八年まで一円であった。他方、一九四七年夏の国家公務員給与ベースは一八〇〇円、さらに翌一九四八年夏のベースは三七九一円。厳しいインフレのなかでも、パチンコ玉はやはり一円だったから、これならサラリーマンの懐にとっても、そうひどい打撃にはならない。

社会の秩序がひっくり返り、行政も警察も頼りにならず、統制の裏をいくヤミ市が生活を支える時代には、真面目に働くことだけでは、家族の生命を維持することが困難であった。ヤミ市が盛んだった敗戦後の一、二年というもの、誰もが生業のほかにヤミと関わり、ヤミで儲け、ヤミで買い出しし、ヤミの物を購《あがな》って、ようやく生きていた。せっかく手に入れた米や芋も、帰り道で警察の手入れに遭って、没収されるかもしれない。偶然キャッチした情報を頼りに、休日を利用して地方へでかけてみると、思いがけない品物があって、ぼろ儲けできることもある。パチンコ玉を都市から都市へと運んだだけで、うまくいけば一ヵ月の生活ができる。こうした暮らし、それはそれ自体が一種の賭博ではなかったろうか。しかも、大多数の人びとは専門の博徒でもなければ、専門のヤミ商人でもないという状況の下で、ヤミ市のパチンコは、ちょうどこうした生活のパターンにマッチしたソフトな射倖性をもつゲームだったのである。

一九九四年現在、パチンコの市場は二〇兆円を超すといわれ、大産業にのしあがっている。この数字は内需に限れば、日本の基幹産業といわれてきたものより大きい。一九九四年のパチンコ人口は四〇〇〇万人ともいわれ、パチンコ店は全国で一万八〇〇〇店に達するという。一九九二年の統計では、パチンコ、パチスロの設備台数は約四五〇〇万台であるという。

チンジャラと音楽が「うるさい」、煙草の煙が充満して「汚い」、ヤクザがからんで「怖い」といわれたヤミ市時代とはちがって、現在のパチンコ店はたいへんスマートになっている。ネオンは横文字、椅子はカフェ風、大理石の床、ホテル並みのサービス、客層の狙いまで男性中心から女性客や若者へと変わりつつある。そして、機械自体も技能のゲームとしての性格をまったく失って、ただひたすら「運」とマン＝マシンの知恵比べに頼るチャンス・ゲームに変貌している。

考えてみると、パチンコの歴史は、ヤミ市の生んだ戦後日本の落とし子の観がある。生活それ自体が賭博だった時代に、技能と運の掛け合わせでソフトな賭博性をもつ庶民のささやかな楽しみであった。そして、驚異の高度経済成長が終焉したのち、一九七〇年代から八〇年代にかけて、それは日本産業の性格をそのままに、精密機械の一つへと姿を変えた。さらに、複雑なコンピュータ制御のもとに、さまざまな不思議を実現するパチンコメーカーは、飽きることなく新たな技術をこの機械に注ぎ込み、あれよあれよという間に、パチンコを科学の粋に仕立てあげた。そして、人びとはもはやこれを、かならずしも射倖の対象としてだけでなく、あたかもマシン社会の必需品の一つであるかのように扱いはじめていた。パソコンがそうであったように、それは新しい大人の日用の道具となった。

カラオケと軍歌の相似性

ヤミ市の歌声は、軍歌とともにはじまった。はじまったのではない。当時の男たちは、歌といえばそれしか知らなかったのである。山中恒の『ボクラ少国民と戦争応援歌』（朝日文庫、一九八九年。以下、戦時中の歌曲についてのデータは、主として同書による）によると、一九三七年にはじまる一五年戦争の第二段階で、出征兵士を見送るときに歌っていたのは、たいてい「日本陸軍」（大和田建樹作詞、開成館編集部作曲）で、その第一節〈出陣〉は、

天に代りて不義を討つ　　忠勇無双のわが兵は

にはじまっていた。不思議にも、私の記憶では、第一〇節〈平和〉を歌ったことはない。

戦雲東におさまりて　　昇る朝日ともろともに
かがやく仁義の名も高く　　知らるる亜細亜の日の出国
光めでたく仰がるる　　時こそ来ぬれいざ励め

という歌詞が望んだ勝ち戦はとうとう来なかったのである。

ここは御国を何百里　　離れて遠き満洲の
赤い夕陽に照らされて　　友は野末《のずえ》の石の下

というなぜか縁起でもない歌詞ではじまる「戦友」（真下飛泉作詞、三善和気作曲）も当時の軍歌である。いずれも二〇世紀はじめのころの作だというが、さらに古いのは、パチンコ屋の音楽として名高い俗称「軍艦マーチ」で、これは一八九七年につくられた「軍艦（行進曲）」（鳥山啓作詞、瀬戸口藤吉作曲）をもとにしたものであった。

一五年戦争のなかで、政府がはじめて国民愛国歌として公募したのが、一九三七年の「愛国行進曲」（森川幸雄作詞、瀬戸口藤吉作曲）である。

見よ　東海の　空明けて　旭日　高く輝けば
天地の正気　溌剌と　希望は躍る　大八洲《おおやしま》
おお　清朗の　朝雲に　聳《そび》ゆる　富士の姿こそ
金甌《きんおうむ》無欠《けつ》　揺ぎなき　我が日本の　誇なれ

ではじまるこの歌は、歌詞が難解で、当時の小学生にはチンプンカンプンであった。

一九四〇年には、「紀元二千六百年」（増田好生作詞、森義八郎作曲）が作られて、

金鵄《きんし》輝く　日本の　栄ある光　身にうけて

いまこそ祝え　この朝《あした》　紀元は　二千六百年
ああ一億の　胸はなる

と歌われた。「金鵄」というのは、神武天皇東征の折、その弓の先に止まったという金のトビで、当時の人は、軍人が授かる金鵄勲章というものでよく知っていた。

そして翌一九四一年、太平洋戦争がはじまるとともに、時局の進展に合わせてその都度軍歌、行進曲が、これでもか、これでもかというようにぞくぞくと出ては消えた。「大東亜決戦の歌」「十億の進軍」「泰国進駐」「英国東洋艦隊潰滅」「香港陥落」「落下傘部隊」などから「比島決戦の歌」「サイパン殉国の歌」へと移り、戦争末期に近づいていく。一九四五年の敗戦前によく歌われたものには「同期の桜」「勝利の日まで」などがあった。

戦後のヤミ市で、カストリを呷《あお》りながら歌われていたのは、こうした軍歌だった。一九四五年一〇月には、並木路子の「リンゴの唄」が出て大ヒットし、翌一九四六年には「啼くな小鳩よ」「東京の花売娘」、一九四七年には「夜のプラットホーム」「港が見える丘」「星の流れに」などが人気を博していたが、「炭坑節」ならともかく、「世界をつなげ花の輪に」や「町から村から工場から」では、ヤミ市のバクダンには似つかわしくない。いきおい歌は、戦地で歌い、復員船のなかで歌い、学徒動員の工場へ向かう行進の中で歌った軍歌が中心になった。カスバのような細道の呑み屋には、それでもアコーデオンを提げた演歌師がきて、軍歌の伴奏には事欠かなかった。

　ところで、ヤミ市の軍歌には、妙な習性があった。それは、喉のよさをひけらかそうとする者がひとりもいなかったことである。だれもが一様に目を大きく開き、姿勢を正して、ひたすら軍歌を歌っている。それは、まさしく軍隊の行進に見られた軍歌の作法であった。そこでは歌はメロディでもリズムでもなく、ましてや芸能でも芸術でもなかった。それは単に軍隊の統制を強め、士気を鼓舞するための道具だった。うまく歌うことがよいことではない。精一杯声を張り上げ、行進に合わせて士気の高さを示威すればよいのだった。それは、あたかも全身で耐えねばこらえ切れない重圧をはねのけるかのように、総身の力を振り絞って吐き出されていた。そして、その習性が呑み屋の堅い椅子の上でも再現されていたのである。

　ヤミ市の呑み屋で軍歌を歌う者は、戦争で過ごした自分の半生をこの歌に託して吐き出すかのように、歌を怒鳴った。うなり、わめき、人目もかまわず、大声を張り上げて歌った。それは、人に聞かせるものではなく、自分の内部に響かせるものだった。どうなるか、見通しの利かない生活を抱え、だれも頼りにならない社会のなかで、それは自分に向けて発した生きるための信号であった。だから、対面して、互いの歌を競いあうような雰囲気はどこにもなかったし、自慢する者もなかった。

　歌が美しく、楽しいものだということがわかるのは、つぎの世代からである。歌は、一人

露店整理でできた呑み屋街の路地を、ギターやアコーデオンを抱えた演歌師が行く（渋谷常設商業協同組合飲食部の新店舗、東京都臨時露店対策部『露店』より）

楽しむだけでなく、合唱して楽しみ、聞いたり聞かせたりして楽しむものに変わっていった。さらにすすんで、それは人の前で互いに競いあうものになり、商売のネタにさえなって、子供に歌を仕込む親さえ現れてくる。しかし、それらは皆、ヤミ市の消え去った後の時代のことであった。

ヤミ市の時代を駆け抜けて

『東京都政五十年史　年表・資料』（ぎょうせい、一九九四年）によれば、一九四六年における都民（勤労者世帯）の消費支出に対する飲食物費の割合は七一・四％、同じく四七年は六五・八％、四八年は六二・一％である。これを一九九二年の二三・五％と比較してみると、この頃、どんなに人びとが食うことに懸命になっていたかがよくわかる。使う金の四分の三が腹の足しにされてしまうのは、大変なことである。現代の若者のイメージでは、喫茶店やバーに入り浸り、高級レストランで贅沢三昧の生活をしていたと錯覚されるかもしれない。事実はまったく逆である。

公定価格を掲げ、食料品の完全な統制と配給を進めていたはずの当局が、実際にやったことといえば、乏しい主食と、鮮度の悪い魚や野菜をたまにあてがうことでしかなかった。そこで東京の人びとは、エンゲル係数が七〇％を超えようと、仕方なくヤミ買いに頼らざるを得なかったのである。かくて、東京主要駅前の焼け跡、疎開跡地には、ヤミ市が忽然とできあがり、やがてはテキ屋の「組」組織の手で仕切られて、飢えた人びとの食料基地、必需品の供給地として、その存在を社会に誇示する。

だが当時の掟では、これらはすべて法律違反である。掟を守る側の警察は、ごくはじめのころこそ黙認ないし支援の姿勢を示していたものの、やがて摘発の手を伸ばしはじめた。面目を賭けて取締ろうとする警察と、青空市場の露店商をショバ割りするテキ屋の「組」組織との間で、エンドレスないたちごっこが繰り返されるのである。

政府が物価統制令を公布し、改めて主要な生活物資をすべて厳重な統制の下に置くことにしたのは、一九四六年三月のことである。東京では、取締りの対象を青空市場の露店商に絞り、本格的なヤミ排除がはじまった。再々の手入れの後、七月から八月にかけて新橋・渋谷・上野の青空市場が閉鎖され、ヨシズ張りが全部取り壊されて露店が追いだされてしまった。残る都下一九九ヵ所についても、厳重な制限を加えて、常設露店に編成換えすることになった。警察は、無統制な露店をなくすために、まずその一部を第三章で述べた屋根つきマーケットに入れて商店化し、残るものは常設露店にし、さらに、本来のテキ屋は縁日や祭礼に封じ込めようとしたのである。

しかし実際には、警察の思惑通り簡単に事は運ばなかった。このころ、マーケットと呼ばれる平屋の連鎖店といえば、三月に池袋連鎖市場がお目見えし、八月、新橋に第二章で紹介した「新生マーケット」が開店したばかりである。渋谷、新宿などにマーケットが登場するのは、その後である。それも、新橋以外は、本建築の商店街とはほど遠く、柱と屋根ばかりの仮設建物が大部分である。また、権利金は高く、収容能力も当時の露店商数の二〇―三〇％にしかならない。かくて、青空市場から追放された露店商たちは、このころから出没するようになったヤミ・ブローカーの手先や行商に転じて、闇に潜ってしまうのである（「……収容される露店商は僅々二三割程度、残り全部を縁日屋にするといふことは、縁日らしい縁日の立たない今日ではできない相談だ」「朝日新聞」一九四六年一〇月一九日）。

一方、マーケットの方も警察の計画通りにはいかない。東京の主要なマーケットの施主、経営者のほとんどは、なんと警察がヤミの黒幕として封じ込めの機会を狙う「組」組織そのものである。マーケットにヤミの撲滅を期待するのは、自陣のゴールに球を蹴り込む自殺点に近い。また、マーケットに入居したのは、警察が意図した露店商ではなかった。かなり高価な権利金を払って店を開くには、資金ときちんとした計画が要る。青空市場のように、その日暮らしの出店というわけにはいかない。結局、実際にマーケットに入居したのは、一部上層の露店商のほかに、外部の一般商人、それに多少の金を持つ戦後の離職者たちだった（「某駅前マーケットの内訳をしらべてみると、百八十二店のうち百三十店近いものは一般商人で、残りが僅かに露店から入つたものである。」「露店新報」一九四六年九月一五日）。

これでは、マーケットは、ご禁制の品じなでぼろ儲けしようとする商人たちや、カストリ焼酎をヤミで出す呑み屋の街になるのは、当然のことである。事実、一九四七年二月に焼失

警視庁は上野広小路のヤミ市を警官500人で急襲、露店商と統制品を合わせてトラック約15台に乗せて引き揚げた。この間、露店商に殴られた警官がピストルを発射し、大阪・生野区のヤミ屋が負傷（1946年5月30日）　提供：朝日新聞社

した新橋「新生マーケット」の焼け跡からは、あるべきはずのないご禁制の品じながぞくぞくと現れて、警察を慌てさせている。

　ところが不思議なことに、ヤミ市でマーケットが中心になった一九四六年秋以降、新聞紙面からは、警察のヤミ市取締りに関する記事が大幅に減っていく。翌年にかけて、ヤミ物資の取引システムが大きく変わるのが、その原因である。公職追放の財閥重役や復員した商社マンが、ブローカー会社の幹部になり、組織的に大量の禁制品を動かすようになるからである。ヤミ物資の主力商品も、食料以外に、繊維製品などの消費財から生産財、ガソリンに広がり、密輸入品なども増えていく（「朝日新聞」一九四六年一〇月八日、一九四七年七月三〇日参照）。

かくて、警察取締りの重点は、末端の露店商やヤミ市ではなく、大規模なヤミ・ルートの摘発の「大物主義」に変わるようになる。魚市場・青果市場や卸問屋が急襲され、大口ブローカーの「大闇」に迫る手入れが新聞を賑わすようになったのである。

一方この年から、マーケットの「組」組織は、不法な土地占拠や恐喝などによって、警察の手で包囲されていく。一九四七年夏になると、東京のヤミ市を仕切ってきた「組」幹部たちがつぎつぎと検挙される。こうして、新橋の松田、浅草の芝山、新宿の安田、和田などの「組」組織があいついで解散し、東京露店商同業組合も解散を決議した。ヤミ市の「組」の支配は、表向きは、ここで終りになった。

ヤミ市の変化に追い討ちをかけたのは、この年六月に東京都内で実施された「六・一休業」つまり飲食店一斉休業である。飲食店のうち、外食券食堂、旅館、喫茶店などを除くすべての営業は、この日から表向きまったく禁止されてしまう。これではマーケットの呑み屋も、屋台の商人も、否応なくアウトローに転化していかざるを得ない。表面はコーヒー屋、実はカストリの呑み屋といった営業が独特の街をつくりだすのは、これ以後のことである。東京で飲食店が再開されたのは、一九四九年六月のことであった。

都民が戦後のどん底を抜け出すのは、一九四八年の秋である。主食の配給遅延もなくなり、生産活動も再開され、都市と地方を結ぶ貨物輸送も回復して物が出はじめる。一九四八年九月、マッチが自由販売となる（公定価格は翌年まで残る）。以後、統制の撤廃は、一九四九年四月＝野菜、六月＝鶏卵・豚肉、八月＝牛肉、一九五〇年四月＝魚類、五月＝革靴、一二月＝石鹼と続いて、一九五一年四月には、甘藷・馬鈴薯が自由販売となる。都市の生活は急に明るくなっていく。そして、それは同時に、ヤミ市時代の終焉を告げるものでもあった。「六・一休業」で廃業した呑み屋のあとに、人が住みついて住宅になる街さえ出てきた。保険金を目当てにしたマーケット放火が跡を絶たず、街の風景は活気を失っていく。

東京都が東京復興の基盤となる駅前・繁華街の土地区画整理事業に着手したのは、一九五〇年。新宿、渋谷、池袋など一三地区一七ヵ所、一一二三平方キロの土地整理がはじまり、まもなく主要なヤミ市はその姿を消した。また、同じ年、道路上の常設露店も都内からすべて取り払われ、都内五九三四の露店は、雲散霧消した。

あとがき

　東京都江戸東京博物館の依頼を受けて、新宿ヤミ市の復元模型に取り組んでから、もう五年になる。元来は都市祝祭の生活文化を研究するのが本職の私が、ヤミ市の問題に取り組むようになったのは、その五年前、豊島区郷土資料館ができ、その常設展示の一つとして池袋ヤミ市が取り上げられ、私がその調査をすることになって以来のことである。

　その間、たくさんの方々から山のように貴重な経験や資料を頂戴した。ここですべての方のご尊名を挙げることはできないが、池袋調査については『ヤミ市——東京池袋』（ドメス出版、一九八五年）にその成果をまとめ、一三七ページに協力者を掲げている。また、新宿調査については、江戸東京博物館のご尽力により、その調査報告書第2集として『ヤミ市模型の調査と展示』（一九九四年）が出版され、二五九ページに協力者のご尊名を掲げている。ここに改めて、感謝とお礼を申し上げたい。また、両館の学芸員諸氏をはじめ関係者、調査団の方々や、模型制作に当たったトータル・メディア開発研究所の関係者諸氏には、大変熱心な協力をいただいた。心より感謝したい。

　これら池袋と新宿の実証調査がなかったら、おそらくこの本は完成しなかったであろう。

渋谷道玄坂にも上野広小路にも新橋西口にも、私はまだ本格的な実証調査の経験がない。上野については『アメ横三十五年の激史』があるが、その他についてはさまざまな資料に頼っている。そのほか、東京ヤミ市をつくり、経営した人びとやそこで生活していた人びと、そしてその街に盛り場を見出していた当時の東京の人びとについても、人に語れるほどの研究を重ねたわけではない。その点では、いまでも恥ずかしさでいっぱいである。

幸いなことに、身体はいたって元気である。この恥ずかしさをバネに、さらに実証調査をつづけていきたい。最後になったが、筑摩書房の町田さおりさんには、大変お世話になった。毎週、できた分から原稿を持っていかれるのには参ったが、近来まれな性根のある編集者に出会えて、幸いであった。当時そのままの、素晴らしいイラストを描いてくださった穂積和夫氏とともに、たくさんの読者に喜んでいただけることを願い、それが町田さんの苦労への最大の感謝だと、勝手に想像している。

目黒にて、著者

一九九五年こどもの日

主要参考文献

『アサヒグラフに見る昭和の世相　6』（朝日新聞社）一九七六年
『アサヒグラフに見る昭和の世相　7』（朝日新聞社）一九七六年
有馬宏明他『新宿大通り二八〇年――新宿大通商店街振興組合創立30周年記念誌』一九七七年
『1億人の昭和史〈4〉空襲・敗戦・引揚』（毎日新聞社）一九七五年
『1億人の昭和史〈5〉占領から講和へ』（毎日新聞社）一九七五年
『1億人の昭和史　日本占領〈3〉ゼロからの出発』（毎日新聞社）一九八〇年
猪野健治編『東京闇市興亡史』（草風社）一九七八年
大河内一男編『戦後社会の実態分析』（日本評論社）一九五〇年
大阪・焼跡闇市を記録する会編『大阪・焼跡闇市』（夏の書房）一九七五年
塩満一『アメ横三十五年の激史』（東京稿房出版）一九八二年
東京都『東京都政五十年史　年表・資料』（ぎょうせい）一九九四年
東京都『東京都政五十年史　通史』（ぎょうせい）一九九四年
東京都江戸東京博物館　調査報告書　第2集『ヤミ市模型の調査と展示』（東京都江戸東京博物館）一九九四年
東京都建設局区画整理部計画課『甦った東京――東京都戦災復興土地区画整理事業誌』一九八七年
東京都臨時露店対策部『露店』一九五二年
東京百年史編集委員会『東京百年史』第六巻（ぎょうせい）一九七九年
東洋経済新報臨時増刊『戦前戦後物価総覧　昭和二九年版』（東洋経済新報社）一九五四年

戸川猪佐武『戦後風俗史』（雪華社）一九六〇年
福富太郎『わが青春の「盛り場」物語』（河出書房新社）一九九五年
星野朗・松平誠「池袋『やみ市』の実態」（『応用社会学研究』二五号）一九八四年
『「文藝春秋」にみる昭和史　第二巻』（文藝春秋）一九八八年
毎日グラフ別冊『サン写真新聞　戦後にっぽん　2　昭和二二年―一九四七・丁亥』（毎日新聞社）一九八九年
松平誠『ヤミ市――東京池袋』（ドメス出版）一九八五年
松平誠・木谷薫「ヤミ市の生活学」（『生活学　一九八六』）一九八五年
山岡明『庶民の戦後　生活編』（太平出版社）一九七三年

注：主として参考にした文献は下記の通りである。
東京百年史編集委員会『東京百年史』第六巻（ぎょうせい）1979年
家庭総合研究会編『昭和家庭史年表』（河出書房新社）1990年
松平誠『ヤミ市──東京池袋』（ドメス出版）1985年
『近代日本総合年表』（岩波書店）1968年
猪野健治編『東京闇市興亡史』（草風社）1978年
西東秋男『日本食生活史年表』（楽游書房）1983年
大濱徹也・吉原健一郎編著『江戸東京年表』（小学館）1993年

		解散令（31日） 芋類の統制撤廃（31日）	
4月	露店転業資金、個人最高3万円（29日） 払い下げ都有地決定	衣料自由販売（1日） 水産物全面統制撤廃（1日） 綿製品以外衣類統制撤廃（27日）	トリスウイスキー発売
5月	密造酒捜索、メチール手入れ（19日） 上野広小路再建	米以外（パン他）の主食の飲食店への統制撤廃（1日）	
6月			朝鮮戦争はじまる（25日）
7月	私設公団摘発（4日）	味噌醤油統制撤廃（5日）	各公団汚職続発（1日） 特需景気起こる
9月		9月より東京学童パン完全給食（1日） 綿製品統制撤廃（20日）	
10月	露店昼店撤廃（1日）		
11月	露店3056軒転廃業（17日） 各地に飲食店街創設		
12月	常設露店消滅（31日）		

	央委員会結成	廃（21日）	
11月		不景気、料理屋多く廃業	
12月	上野アメ屋横丁近藤マーケット二号館出火、6600平方メートル全焼（9日）		
1950年 1月	**戦災復興土地区画整理事業一部開始、マ**ーケット取り壊し（新宿・渋谷・池袋他13地区17ヵ所1122平方キロ、建物移転1455棟）1951年までかかる 新宿和田組マーケット強制撤去開始（29日） 上野広小路強制撤去（18日）		
2月	東京都臨時露店対策本部設置（都・警視庁・消防庁）（1日） 露店に10億円融資、都有地の約半分を分譲（22日）	牛乳自由販売（22日）	
3月	**道路上の露店全面禁止**（31日）	木炭、薪統制撤廃（1日） 食糧庁、49年度産米供出目標突破と発表（10日） 食糧品配給公団	

3月	上野広小路マーケット火事（10日）		
4月		野菜類統制撤廃（1日）	外国人向けの食料品特配打ち切り（30日）
5月		飲食営業臨時規制法公布、全国料飲店で営業再開（7日） 酒類自由販売（6日）	
6月	露店権利金法律違反となる（7日） 蒲田マーケット火事（8日） ヤミ寿司手入れ（16日）	ビアホール再開（1日）	
7月	都内94露店商組合に解散指示書（11日）	家具他1000品目統制撤廃（30日）	
8月			キティ台風（31日）
9月	東京都、露店整理連絡委員会設置 GHQ都内露店6000軒、1950年3月31日までに取り払い指令（14日）	薪、薬品類など600品目、自転車類統制撤廃（1日） 魚類、大衆物以外統制撤廃（25日）	
10月	露店撤廃絶対反対中	人絹など統制撤	

7月	銀座八丁取締（2日）	新消防法、バラック建築規制（24日）		
8月	経済事犯取締第一日（17日）			
9月		マッチ自由販売（16日）		
10月	新橋マーケット火事（5回目）（25日） 料飲店一斉取締（銀座）（27日）	電球他111品目公定価格廃止（8日）		
11月	有楽町の寿司屋手入れ（25日）			
12月	池袋一斉取締（6日） 隠退蔵物資年間6000件摘発、公定価格で61億円分（16日）			
1949年 1月	悪質マーケット封鎖（17日）		大都市転入抑制解除（1日）	
2月	上野「国際親善マーケット」石鹸押収（4日） 池袋東口マーケット取り壊しで紛争（4日） ヤミの蕎麦屋増加、自由クーポン制の公認そば屋再開			

	(29日)		
11月	浅草古着市手入れ(25日)		
1948年 1月	新橋西口マーケット繊維品押収(23日)	食糧配給公団発足(20日)	
2月	上野広小路マーケット禁制品押収(5日)		
3月	池袋駅前マーケット取り壊し(18日)	重要物資在庫緊急調査令公布(27日) 主食代替の砂糖が月3日分配給 食糧庁、47年度産米供出目標達成と発表(16日)	東京渇水のため2時間給水(10日)
4月	阿佐ヶ谷マーケット火事(11日) 羽田カストリ集落手入れ(21日)		日本人による戦後初のファッションショー(5日) 東京での4月のメチルアルコール中毒死1ヵ月7名、失明2名(30日)
5月	上野「国際親善マーケット」石鹸押収(28日)		
6月	尾津、懲役8年(20日)		ソース流行、全国に2100工場

7月	関根（池袋）に逮捕状（9日） 浅草露店手入れ（16日） 関東松田組幹部2名検挙（16日） 関東松田組解散（16日） 警視庁、顔役・組に解散勧告（19日） 関根組から機関銃押収（22日） 尾津組解散（22日） 東京露店商同業組合解散（27日） 安田組（新宿）安田兄弟検挙（22日） 顔役検挙229名（30日） この頃、上野広小路の下谷地区引揚者更生会アメ横、ガード下のマーケットに移転	飲食営業緊急措置令公布、5日実施（裏口繁盛）（1日）	1800円ベースの新物価体系（7日） 主食遅配　東京25.8日（20日）
8月	新橋新生マーケット火事（26日）		
9月	マーケット火事24件（3日）		キャスリーン台風（14日）
10月	関根自首（1日） 暴力団8000名逮捕（10日） 築地問屋街手入れ（25日） 洋服生地、毛糸摘発	衣類の切符制度復活（10日） 果物など132品目公定価格廃止（27日）	山口判事、闇食料を拒否し餓死（11日）

			渇水、石炭不足から電力事情悪化
2月	上野署管内「組」幹部・在日和解（4日） 淀橋アメ市手入れ(14日) 蒲田マーケット火事(14日) 新橋新生マーケット焼失（19日） 東京湾「海のヤミルート」検察（23日）	暴力団一斉取締(21日)	
3月	新宿角筈、駅東側の露店200軒、10日間営業停止（主食販売のかど）（15日） 土地不法占拠で尾津(新宿) 書類送検（20日） 隠退蔵物資摘発開始 西荻窪民生会マーケット手入れ（25日）		主食供出に警察力取締り決定(強権供出訓示)（5日） 東京都22区決定(15日) 〔8月1日練馬区新設〕
4月	阿佐ヶ谷マーケット火事（18日） 中野三信マーケット焼失（28日）		
5月	尾津、露店商組合理事長やめる（3日）		日本国憲法施行（3日）
6月	尾津逮捕、組幹部一斉検挙開始（26日）	都内料飲店自粛休業（1日）	価格調整公団発足（1日）

	官隊と乱闘（7日） 上野露店手入れ、警官隊と衝突（8日） 上野露店市閉鎖（10日） 新橋「新生マーケット」完成	取締強化（主食、味噌、醬油、砂糖、煙草など厳重取締）（1日）	ル中毒による死者、失明者続出
9月	この頃、下谷引揚者会、ガード脇の舗道に300軒のアメ屋露店開業	内務省「暴力団」一斉取締指示（4日） 臨時露店取締規則を強化した露店営業取締規則施行（28日）	
10月			農地改革（21日）
11月	武蔵小山テキ屋乱闘（27日）		GHQ「日本国籍を持つ日本在留朝鮮人は日本の法律に従うべきである」（12日）
12月			シベリアからの引揚船第1船、舞鶴入港（8日） 傾斜生産方式開始（石炭・鉄鋼に生産集中）（27日）
1947年 1月	有楽町露店街支部長恐喝で逮捕（14日）		復興金融金庫開業（復金インフレはじまる）（25日）

5月	上野露店手入れ、警官隊と衝突（13日） 新橋「新生マーケット」起工（20日） 上野手入れ、警察と乱闘（30日） 「組」組織4幹部、在京華僑連合会、朝鮮人連盟を訪問、禁制品自粛申入 上野広小路近藤マーケット完成		
6月	目白に第2連鎖市場完成（1日） 新橋松田組親分射殺（10日） 台湾華僑、松田組事務所乱入（17日） 新橋露店手入れ（27日） 浅草引揚者会、下谷引揚者会発足（1947年3月合併、下谷地区引揚者更生会）		主食欠配30日（25日） 駅前広場、付近街路第1回計画発表（新宿・渋谷・五反田・大森・池袋他指定）（26日）
7月	新橋・渋谷で華僑と露店商乱闘（17日） 渋谷露店手入れ（18日） 渋谷事件（台湾華僑、警官隊銃撃戦）（19日） 新橋・渋谷露店市閉鎖（22日）	GHQ将兵より煙草など買い受け禁止（30日）	
8月	上野露店手入れ、警	「八・一禁止令」、	メチルアルコー

1946年 1月	露店商課税決定（18日） 「組」組織8幹部、ボランタリーチェーン設立に同意 東京の露店6万店	主食強制買上げ、生鮮食料品再統制決定（17日） 主食物販売取締規則公布（18日）	GHQ公職追放指令（4日） 板橋造兵廠大量の隠匿物資発見（22日）
2月		臨時露店取締規則（6日） 食糧緊急措置令施行 臨時財産調査令（財産税）（17日）	半年で通貨2倍に（通貨インフレ） 金融緊急措置令（新円切替）（17日） 主食遅配はじまる
3月	池袋連鎖市場（はじめてのマーケット）完成（20日）、以後都内各主要駅前焼跡疎開地跡に続々登場（有楽町・荻窪・蒲田・大塚・新宿・渋谷・上野他）	紙・マッチ・繊維及び同製品市場販売禁止（1日） 新円切替（3日） 物価統制令公布（三・三物価体系）（3日） 水産物統制令（水産物再統制）施行（16日）	GHQ「在日朝鮮人の帰国者は日本への再入国禁止」（16日） 都会地転入抑制緊急措置令公布（9日） 東京都幹線街路網設定（26日告示）
4月	新橋露店価格取締、5日間自粛休業（1日） 新宿露店2日間自粛休業（4日） 蒲田駅露店閉鎖（19日）	青果物等統制令公布（30日） 密輸取締強化	この春京浜地方の餓死者1300人

ヤミ市年表

	ヤミ市関係	ヤミ市関連取締法令	その他
1945年 8月	尾津組、新宿に露店市開店（20日）		第二次世界大戦終戦（15日）
9月	東京各主要鉄道駅前に露店市できる 淀橋警察署露店禁止に動く（10日）	東京都食料配給緊急対策決定	東芝館（マツダビル）、PX接収 外地からの復員第一陣（カロリン諸島）（26日）
10月	浅草六区再開（14日） 東京露店商同業組合設立（16日）	露店飲食業取締規則廃止（23日） 水産統制令廃止（魚類自由販売）（26日）	
11月	警視庁、露店市「適正価格」設定指導（26日）	生鮮食料品、公定価格撤廃（20日）	GHQ「朝鮮人、中国人、台湾省民をできる限り解放国民として処遇」（3日） 財閥解体（6日） 東京餓死者続出、上野駅では最高一日6人
12月	ヤミ市盛ん		米収穫量587万t、前年比68.8% 水産漁獲量182万t、昭和最低

して、青空市場の組織化がはじまった。しかし、翌年3月、物価統制令が公布され、ヤミ取締りが強まって、露店の摘発が続き、露店からマーケットへの転換が急がれた。1947年6月、東京では飲食営業休業がはじまり、7月には東京の「組」組織があいついで解散、東京露店商同業組合も解散した。

廃止を皮切りに、1949年4月野菜、9月魚類、1950年9月綿製品と、1950年代には大部分の統制が解除された。

マーケット　青空市場からはじまったヤミ市を連鎖式の長屋建築にかえ、駅前の盛り場を変革しようとする試みが1946年春から秋にかけてのマーケット建設である。当初は屋根と柱だけで権利を売ったものが多いが、新橋駅西口前の新生マーケットは、二階建て9240平方メートル、総工費1000万円という本格的な建築だった。また、池袋東口に森田組がつくった連鎖市場も、他と比べるとしっかりした建物で、下水の処理も配慮されていた。しかし、都市整備の計画が実施段階に入ると、各駅前は真っ先に整備の対象になり、1950年頃から次々と取り払われ、姿を消した。

マル公（公定価格）と禁制品　現在の日本で禁制品といえば、麻薬やわいせつ文書、それに贋金などをいう。第二次世界大戦直後のそれは、これとは別もので、自由な値段・方法で、自由な場所で売買することを禁止されている品物のことをいう。米をはじめとする主な食料、衣料、日用品は、すべて公定価格が決められ、政府の統制機関によって販売されるのが建て前である。また、ご禁制を破り、公定でないルートと価格で売るのがヤミである。

モンサント、ズルチン、サッカリン　いずれも化学合成の甘味料。砂糖が払底したヤミ市時代に、その代替品として広く利用された。その後、毒性が問題になって消えたが、最近ノンカロリーの甘味料として新たな合成品が再び登場している。

ララ物資　「ララ」とは、Licensed Agency for Relief of Asia（極東救済委員会）の略。第二次世界大戦後、アメリカの社会福祉関係団体が集まってつくったアジア救済組織である。ララからは食料だけでなく、衣料や医薬品なども届けられたが、一部がヤミ市に流れ、問題になった。

六・一休業（飲食営業緊急措置令）　1947年7月5日、政府は逼迫した食料事情に対処するため、全国飲食店の営業を禁止（東京は6月1日から自粛休業）。外食券食堂・旅館・喫茶店以外は、以後1949年5月7日（東京は6月1日）に再開されるまで、おおっぴらに商売できず、すべてヤミとなった。

露店商同業組合　東京露店商同業組合ができたのは、政府が露店飲食業取締規則を廃止した1945年10月である。戦争直後の混乱期にあって、一時的な無統制のなかで、テキ屋を中心に

があり、それを管理する仕組みがあって、ヒエラルヒーができあがっていた。第二次世界大戦後、日本の都市の主要駅前にいち早く青空市場をつくり、ヤミ市を開いたのは、主としてこうしたテキ屋の組織である。しかし、戦後の都市はひどく混乱しており、ヤミ市のなかには、不良少年の集団から発生したものや、旧植民地出身の人びとが集まって商売をはじめたところもある。この本では、テキ屋組織といわずに「組」組織という言葉で一般化している部分が多い。

トントン葺き　木材を削る時、木のかけらが出るが、これを「こけら」という。薄いこけら板をつぎつぎに釘で重ねて打ち付けて屋根をつくるのが、こけら葺きである。トントンと釘を打っていく安普請の方法なので、トントン葺きともいう。

バラック（barrack）　簡単なつくりの仮小屋。初期のマーケットは、多くの場合、柱と屋根だけのバラックだった。

PX　Post Exchangeの略。占領軍専用の生活用品販売所。店によって開始・閉鎖の時期は異なるが、1945年9月から1956年5月まで続き、東京ではマツダビル（東芝銀座ビル）、服部時計店（和光）、松屋銀座店、白木屋（東急日本橋店）がこれに充てられた。豊富な生活用品が並び、貧窮のどん底にあった日本人には夢のような場所であった。

引揚げ・復員　軍隊の戦時体制を解き、平時の態勢に復して、兵士の召集を解除することを復員というのだが、第二次世界大戦後の海外からの復員は、敗戦による一斉帰国だったために、容易でなかった。また、軍人・軍属以外の海外在住日本人も、一切の資産を投げ捨てて一斉に帰国することになったが、これを引揚げといった。敗戦時、海外にいた日本人は660万。このうち、1946年末までに500万人余が帰国し、最終的には630万人を国内に収容した。もっとも苦難を経験したのは、シベリアに抑留された元兵士たちや、日本が植民地化した中国東北部に入植した農民たちであった。

物価統制令　1946年3月3日公布。戦時中の価格等統制令に代わり、戦後の物価統制を法的に定めたもので、金融緊急措置と並行して制定された。物やサービスの価格・料金の統制額を決め、抱き合わせ販売や買い占め、物々交換なども禁止した。以後、公的には、これをもとに主要生活用品はすべて統制され、統制ルートを通じ、公定価格で配給・販売された。1947年10月の果物など132品目公定

の木材などで手作りされており、ゴザを敷いて寝起きしていた。

ゴミセン（日銭） テキ屋は他人の土地を借りて場割りし、市を開く。初期のヤミ市も、それと似た発想で駅前が管理されていた。青空市場では、「組」組織が焼け跡を整理して縄張りを区割りし、出店者は、その一つを利用する。「組」では、担当者が毎日市場を回って、その日の分の場代を集める。これがゴミセンである。ただ、この場合、土地が不法占拠であった点が後に大きな問題となる。

地割り テキ屋の技術用語。祭礼、縁日などで、借り受けた土地を区分けして出店者に公平に配分すること。特定の地域、すなわちニワ場ごとに地割り師が出て差配する。

新円（金融緊急措置令） 1946年2月17日公布。第二次世界大戦後の通貨危機と銀行倒産を回避するために取られた緊急措置。軍事費の支出によって歪んだ経済が引き起こした戦後の危機を、新円の発行、預貯金の支払い停止によって乗り越えようとしたもので、3月3日以降は旧円紙幣の流通が禁止され、預貯金の引き出しは大幅に制限された。

第三国人 第二次世界大戦中、日本国内にいた旧植民地や旧占領地の人びとは、強制連行による強制労働や職業差別など非常な困難のなかで敗戦を迎えた。戦争直後、これらの人びとは一時「解放国民」として戦勝国の人びとと同等に取り扱われ、ようやく人間らしい生活をはじめた。しかし、経済生活の保障はなかったので、ヤミ市の禁制品販売を行なう者も生まれ、日本人業者との間に対立が生まれた。1946年11月、占領軍当局は「日本国籍を持つ日本在留朝鮮人は日本法律に従う」と布告し、以後状況は変化していく。

タカマチ（高市） テキ屋の技術用語。ニワ場を持って商売するのでなく、寅さんのように各地のニワ場を回って縁日商売をすること。

（建物）強制疎開 1944年1月、政府は改正防空法に基づき、東京・名古屋に指定区域を設け、強制的に建物を取り壊し、以後各地で建物の強制疎開が続く。江戸以来の火除地の考えで、駅前や鉄道周辺、住宅密集地域などに空き地をつくり、火災の延焼を食い止めるためのものだが、米軍の執拗な焼夷弾による空襲にはあまり効果がなかった。

テキ屋（「組」組織） テキ屋とは露店商売を生業とするもので、古来独自の組織を持って活動してきた。地域ごとにニワ場

ヤミ市キーワード集

演歌師　「演歌」を専門にするといっても、かつて自由民権運動盛んなりしころ、「オッペケペ」などを歌って政治を風刺した「演歌師」ではない。第二次世界大戦後、日本的なメロディを特徴とするコブシの利いた歌謡曲をとくに演歌と称するようになったもので、ヤミ市ではアコーデオンを肩からさげ、店を回っては客の歌に合わせて伴奏する演歌師がたくさんいた。

カストリとバクダン　いずれもヤミ市の呑み屋で出された代表的なアルコール飲料。カストリは穀類や芋を原料に小型の蒸留器でつくった密造酒で、とくに芋からつくったものは悪臭がした。また、バクダンは燃料用のアルコールを水で割ったもので、呑むと胃が爆発するように強い。メチルアルコールを使った悪質なものも出回り、1948年頃まで、失明・死亡する者が後を絶たなかった。

ガセネタ　露店商仲間の符牒によく使われた言葉。ガセは贋物、ネタは種の反転で、いかがわしい贋物商品のこと。神社祭礼などハレの場で、口上とともにこうしたガセネタを売るのが、一種のテキ屋商売だった。祭の客たちも、すぐに壊れる万年筆や玩具を遊び半分に買って、祭を楽しんだ。

かつぎ屋　物を担いで運ぶからかつぎ屋である。ただし、この場合の「物」とは、政府が厳重に統制した「運んではならぬ物」である。1948年ころまでは、都市と産地との間の流通が滞ったため、列車・電車を利用して物をヤミで動かし、サヤを稼ぐ商売が盛んだった。食料需給が円滑になり、衣料を中心に商社機能が復活すると、かつぎ屋たちは忽然と姿を消す。

軍歌　軍隊の中で、兵隊が歌って士気を高揚させ、軍規を正していくために制作された歌。1900年代はじめの日露戦争期、すでに「軍艦マーチ」がつくられている。一五年戦争期の児童・生徒は、音楽の時間に軍歌を歌った。また、戦後ヤミ市の夜には、これが呑み屋の歌の定番となり、「予科練の歌」などが演歌師のアコーデオンに合わせて盛んに歌われた。

壕舎　本来は地下に穴を掘って住宅にしたものだというが、ここでは、第二次世界大戦中の都市で、空襲に備えて掘った防空壕を利用し、戦後の焼け跡につくった掘っ立て小屋である。屋根は焼けトタン、柱は焼け残り

KODANSHA

本書の原本は、一九九五年に『ヤミ市　幻のガイドブック』としてちくま新書より刊行されました。

松平　誠（まつだいら　まこと）

1930−2017年。東京生まれ。京都大学文学部卒業。立教大学社会学部教授を経て，女子栄養大学教授。生活文化論専攻。都市生活文化をテーマに広くフィールドワークを展開，各地・各時代の祝祭文化と生活についての研究を重ねる。主な著書に『ヤミ市――東京池袋』（ドメス出版），『祭の文化』『都市祝祭の社会学』（共に有斐閣），『プラハの浮世酒場』（岩波書店），『現代ニッポン祭り考』（小学館）などがある。

講談社学術文庫

定価はカバーに表示してあります。

東京《とうきょう》のヤミ市《いち》

松平《まつだいら》　誠《まこと》

2019年10月10日　第１刷発行
2025年４月16日　第３刷発行

発行者　篠木和久
発行所　株式会社講談社
東京都文京区音羽2-12-21 〒112-8001
電話　編集（03）5395-3512
販売（03）5395-5817
業務（03）5395-3615

装　幀　蟹江征治
印　刷　株式会社ＫＰＳプロダクツ
製　本　株式会社国宝社
本文データ制作　講談社デジタル製作

ISBN978-4-06-517115-8

「講談社学術文庫」の刊行に当たって

これは、学術をポケットに入れることをモットーとして生まれた文庫である。学術は少年の心を養い、成年の心を満たす。その学術がポケットにはいる形で、万人のものになることは、生涯教育をうたう現代の理想である。

こうした考え方は、学術を巨大な城のように見る世間の常識に反するかもしれない。また、一部の人たちからは、学術の権威をおとすものと非難されるかもしれない。しかし、それはいずれも学術の新しい在り方を解しないものといわざるをえない。

学術は、まず魔術への挑戦から始まった。やがて、いわゆる常識をつぎつぎに改めていった。学術の権威は、幾百年、幾千年にわたる、苦しい戦いの成果である。こうしてきずきあげられた城が、一見して近づきがたいものにうつるのは、そのためである。しかし、学術の権威を、その形の上だけで判断してはならない。その生成のあとをかえりみれば、その根は常に人々の生活の中にあった。学術が大きな力たりうるのはそのためであって、生活をはなれた学術は、どこにもない。

開かれた社会といわれる現代にとって、これはまったく自明である。生活と学術との間に、もし距離があるとすれば、何をおいてもこれを埋めねばならない。もしこの距離が形の上の迷信からきているとすれば、その迷信をうち破らねばならぬ。

学術文庫は、内外の迷信を打破し、学術のために新しい天地をひらく意図をもって生まれた。文庫という小さい形と、学術という壮大な城とが、完全に両立するためには、なおいくらかの時を必要とするであろう。しかし、学術をポケットにした社会が、人間の生活にとってより豊かな社会であることは、たしかである。そうした社会の実現のために、文庫の世界に新しいジャンルを加えることができれば幸いである。

一九七六年六月

野間省一

文化人類学・民俗学

124
柳田國男著（解説・田中宣一）
年中行事覚書
人々の生活と労働にリズムを与え、共同体内に連帯感を生み出す季節の行事。それらなつかしき習俗・行事の数々に民俗学の光をあて、隠れた意味や成り立ちを探る。日本農民の生活と信仰の核心に迫る名著。

135
柳田國男著（解説・中島河太郎）
妖怪談義
河童や山姥や天狗等、誰でも知っているのに、実はよく知らないこれらの妖怪たちを追究してゆくと、正史に現われない、国土にひそむ歴史の事実をかいまみることができる。日本民俗学の巨人による先駆的業績。

484
白川　静著
中国古代の民俗
未開拓の中国民俗学研究に正面から取り組んだ労作。著者独自の方法論により、従来知られなかった中国民族の生活と思惟、習俗の固有の姿を復元、日本古代の民俗的事実との比較研究にまで及ぶ画期的な書。

528
鶴見和子著（解説・谷川健一）
南方熊楠《みなかたくまぐす》
南方熊楠――この民俗学の世界的巨人は、永らく未到のままに聳え立ってきたが、本書の著者による満身の力をこめた独創的な研究により、ようやくその全体像を現わした。〈昭和54年度毎日出版文化賞受賞〉

661
谷川健一著（解説・宮田　登）
魔の系譜
正史の裏側から捉えた日本人の情念の歴史。死者の魔が生者を支配するという奇怪な歴史の底流に目を向け、呪術師や巫女の発生、呪詛や魔除けなどを通して、日本人特有の怨念を克明に描いた魔の伝承史。

677
宮本常一著（解説・田村善次郎）
塩の道
本書は生活学の先駆者として生涯を貫いた著者最晩年の貴重な話――「塩の道」「日本人と食べ物」「暮らしの形と美」の三点を収録。独自の史観が随所に読みとれ、宮本民俗学の体系を知る格好の手引書。
電P

文化人類学・民俗学

1085
山折哲雄著
仏教民俗学
日本の仏教と民俗は不即不離の関係にある。日本人の生活習慣や行事、民俗信仰などを考察しながら、民衆に育まれてきた日本仏教の独自性と日本文化の特徴を説く。仏教と民俗の接点に日本人の心を見いだす書。

1104
宮本常一著（解説・神崎宣武）
民俗学の旅
著者の身内に深く刻まれた幼少時の生活体験と故郷の風光、そして柳田國男や渋沢敬三ら優れた師友の回想など生涯にわたり歩きつづけた一民俗学徒の実践的踏査の書。宮本民俗学を育んだ庶民文化探求の旅の記録。

1115
小松和彦著（解説・佐々木宏幹）
憑霊《ひょうれい》信仰論
日本人の心の奥底に潜む神と人と妖怪の宇宙。闇の歴史の中にうごめく妖怪や邪神たち。人間のもつ邪悪な精神領域へ踏みこみ、憑霊という宗教現象の概念と行為の体系を介して民衆の精神構造＝宇宙観を明示する。

1378
吉野裕子著（解説・村上光彦）
蛇　日本の蛇信仰
古代日本人の蛇への強烈な信仰を解き明かす。注連縄・鏡餅・案山子は蛇の象徴物。日本各地の祭祀と伝承に鋭利なメスを入れ、洗練と象徴の中にその跡を隠し永続する蛇信仰の実態を、大胆かつ明晰に論証する。電P

1545
筑紫申真著（解説・青木周平）
アマテラスの誕生
皇祖神は持統天皇をモデルに創出された！　壬申の乱を契機に登場する伊勢神宮とアマテラス。天皇制の宗教的背景となる両者の生成過程を、民俗学と日本神話研究の成果を用いダイナミックに描き出す意欲作。

1611
池田弥三郎著
性の民俗誌
民俗学的な見地からたどり返す、日本人の性。一夜妻、一時女郎、女のよばい等、全国には特色ある性風俗が伝わってきた。これらを軸とし、民謡や古今の文献に拠りつつ、日本人の性への意識と習俗の伝統を探る。

文化人類学・民俗学

1717
日本文化の形成
宮本常一著（解説・網野善彦）

民俗学の巨人が遺した日本文化の源流探究。生涯の実地調査で民俗学に巨大な足跡を残した著者が、日本文化の源流を探査した遺稿。畑作の起源、海洋民と床住居など、東アジア全体を視野に雄大な構想を掲げる。

1769
神と自然の景観論　信仰環境を読む
野本寛一著（解説・赤坂憲雄）

日本人が神聖感を抱き、神を見出す場所とは？　人々を畏怖させる火山・地震・洪水・暴風、聖性を感じさせる岬・洞窟・淵・滝・湾口島・沖ノ島・磐座などの自然地形。全国各地の聖地の条件と民俗を探る。

1774
麵の文化史
石毛直道著

麵とは何か。その起源は？　伝播の仕方や製造法・調理法は？　厖大な文献を渉猟し、「鉄の胃袋」をもって精力的に繰り広げたアジアにおける広範な実地踏査の成果をもとに綴る、世界初の文化麵類学入門。

1808
人類史のなかの定住革命
西田正規著

「不快なものには近寄らない、危険であれば逃げてゆく」という基本戦略を捨て、定住化・社会化へと方向転換した人類。そのプロセスはどうだったのか。遊動生活から定住への道筋に関し、通説を覆す画期的論考。

1809
石の宗教
五来《ごらい》　重《しげる》著（解説・上別府　茂）

日本人は石に霊魂の存在を認め、独特の石造宗教文化を育んだ。積石、列石、石仏などは、先祖たちの等身大の信心の遺産である。これらの謎を解き、記録に残らない庶民の宗教感情と信仰の歴史を明らかにする。

1820
日本神話の源流
吉田敦彦著

日本文化は「吹溜まりの文化」である。大陸、南方諸島、北方の三方向から日本に移住した民族、伝播した文化がこの精神風土を作り上げた。世界各地の神話と日本神話を比較して、その混淆の過程を探究する。

《講談社学術文庫　既刊より》